On nous a menti
sur l’écologie

Lucas Scaltritti

On nous a menti sur l'écologie

La planète n'est pas en danger,
l'humanité, si !

Michel LAFON

118, avenue Achille-Peretti – CS 70024
92521 Neuilly-sur-Seine Cedex
www.michel-lafon.com

« Qui aurait pu prédire la vague d'inflation,
ainsi déclenchée ? Ou la crise climatique
aux effets spectaculaires encore cet été
dans notre pays ? »

Emmanuel Macron,
président de la République française,
lors de ses vœux télévisés
du 31 décembre 2022

Chapitre 1

Ce n'est pas la planète qui est en danger, c'est l'humanité

Nous subissons déjà le réchauffement climatique

Je n'aurais jamais imaginé pouvoir mourir d'une canicule. Lorsque sévit celle de 2003, je fête mon septième anniversaire et cette vague de chaleur qui touche toute l'Europe est jugée à bien des égards « exceptionnelle ». D'une très forte intensité, elle dure plus de deux semaines, provoquant le décès de 15 000 personnes en France[1]. Il s'agit alors de l'été le plus chaud jamais observé depuis 1950. Et, par définition, ce

1. Chiffres issus du rapport de l'Institut national de la santé et de la recherche médicale (INSERM), « Surmortalité liée à la canicule d'août 2003 », 26 octobre 2004.

qui est exceptionnel n'est pas censé se reproduire fréquemment. En soufflant sur les sept bougies posées sur mon gâteau, je dois m'imaginer vieillir paisiblement dans le sud de la France qui m'a vu naître, au son des cigales et des vagues de la Méditerranée, dans une société ultramoderne où la médecine pourra m'emmener aisément vers le centenaire et où je pourrai m'éteindre naturellement, dans mon sommeil. Si j'avais su…

Le réchauffement climatique est alors une menace lointaine, voire jugée carrément démesurée ou alarmiste. L'écologie est une notion abstraite et altruiste. Il est seulement question de la planète que nous allons laisser à nos enfants, de notre responsabilité vis-à-vis des générations futures. Malgré les travaux scientifiques qui alertaient déjà sur la situation, le trou dans la couche d'ozone et le protocole de Kyoto, nous n'imaginions pas un seul instant vivre les conséquences graves de ce phénomène. Le déluge serait après nous.

Pourtant, en vingt ans, tout s'est emballé. Entre 2010 et 2022, il y a eu 22 canicules (seules les années 2014 et 2021 n'en ont pas connu), c'est-à-dire qu'il y en a eu davantage que sur la période 1947-2000. « L'occurrence de vagues de chaleur en France, qui était en moyenne d'un été tous les cinq ans avant 1989, est devenue annuelle depuis l'an 2000 », indique Météo France. J'écris ces lignes le 5 juillet 2023, les deux journées précédentes ont été les plus chaudes jamais enregistrées sur Terre et il est fort probable que, quand vous lirez ces mots, cette information soit déjà obsolète – c'est en effet le cas, depuis le 6 juillet... Les records tombent les uns après les autres. Si l'été 2022 talonne celui de 2003 comme le deuxième plus chaud depuis que l'humanité relève les températures, 2022 a chipé le record annuel : + 2,9 °C par rapport à la période 1900-1930, selon les données de Météo France. À l'échelle mondiale, le réchauffement climatique est de 1,1 °C comparé à l'ère préindustrielle.

Cela peut ne pas paraître énorme, cette augmentation de température, même peut-être une aubaine : il ferait un peu moins froid l'hiver et à peine plus chaud l'été. Malheureusement, cela ne fonctionne pas comme ça. La comparaison est imparfaite mais le rapprochement avec le corps humain peut aider à mesurer l'ampleur du problème. Une hausse de température de 1 °C se fait déjà bien ressentir, avec de la fièvre. Quand le thermomètre indique 39,5 °C, ça devient sérieux, le paracétamol n'est plus suffisant pour masquer la douleur. Au-delà de 40 °C de température, il faut aller aux urgences, et vite. Pour la planète, c'est pareil, et 2022 en est la preuve.

Petite parenthèse : au risque de paraître cynique et dans un souci de pédagogie, je vais uniquement me focaliser ici sur ce qui s'est passé en France métropolitaine. Si les terribles catastrophes qui ont lieu depuis des années en dehors de nos frontières nous faisaient réagir, ça se saurait. Le principe du « mort-kilomètre » est bien connu en journalisme : plus un événement est lointain, moins l'émotion suscitée est grande.

Cela étant dit, les conséquences du dérèglement climatique en 2022[2], en France, sont tellement nombreuses que je vais tout simplement en lister quelques-unes :

– La production agricole a subi des baisses de rendement de 10 à 30 % pour certaines filières ;

– 72 000 hectares de forêts ont brûlé ;

– Plus de 2 000 communes ont connu des problèmes d'approvisionnement en eau potable, dont 7 ont subi une interruption totale de service pendant au moins plusieurs jours ;

– Les canicules ont causé 2 816 décès.

« La température record de l'année 2022 correspond à la température moyenne en France à horizon 2050-2060 pour un niveau de réchauffement planétaire qui atteindrait 2 °C », précise le Haut Conseil pour le climat dans son rapport. L'exceptionnel devient la norme. Nous sommes les générations futures d'hier. Nous vivons depuis

2. Haut Conseil pour le climat, « Rapport annuel 2023 : Acter l'urgence, engager les moyens », juin 2023.

plusieurs décennies le réchauffement climatique, nous en subissons aujourd'hui les premières conséquences tragiques.

Alors, oui, je casse l'ambiance d'entrée de jeu, mais il est temps de cesser de regarder ailleurs alors que notre maison brûle, comme le disait un certain Président il y a bien longtemps. Et ça ne me fait pas particulièrement plaisir. Au risque d'en surprendre plus d'un, un « écolo » n'est pas une personne qui se réjouit de voir ses conditions de vie se dégrader. Il y a éventuellement une petite poignée de masochistes dans le lot, mais je ne m'en porte pas garant et je vous assure que je n'en fais pas partie. Je vous prie de bien vouloir me croire si je vous dis que je signerais immédiatement pour un avenir radieux, où je pourrais manger trois côtes de bœuf par jour, prendre l'avion autant de fois que je veux pour m'envoler aux quatre coins du globe et où le climat n'est pas détraqué.

Choisissez un endroit en France que vous connaissez depuis au moins vingt ans. Ça peut être un lieu de vacances, votre ville natale, un paysage que vous chérissez tout particulièrement, là où vous avez rencontré l'amour de votre vie, peu importe. Maintenant, essayez de vous souvenir à quoi ressemblait cet endroit il y a deux décennies et comparez avec aujourd'hui. Vous y trouverez vraisemblablement des stigmates liés au réchauffement climatique. Moi, pour cet exercice, j'opte pour le petit village auvergnat dans lequel vit mon grand-père paternel. Situé dans le département du Puy-de-Dôme et habité par quelques dizaines de personnes, il est entouré de forêts et de prairies. Les voisins les plus bruyants sont des vaches et des chèvres. À 900 mètres d'altitude, ce n'est ni la montagne, ni la plaine, le village est dans un entre-deux typique de cette région du Massif central. Il est toutefois suffisamment haut pour être enneigé en hiver.

Ma mémoire pouvant me jouer des tours, je me replonge dans les reliques familiales que sont les albums photo numériques. Les clichés sont stockés sur un CD-ROM – que le temps passe vite… Sur l'une de ces images, le talus situé derrière la maison de mon grand-père est recouvert de poudreuse fraîche et immaculée. Une autre est tachetée de gros points blancs, les flocons tombent abondamment pendant que mon petit cousin dévale la pente sur sa luge. Les branches des conifères à l'arrière-plan sont givrées, la scène est digne d'une forêt scandinave. Il y avait tellement de neige à vrai dire que mon père et mon grand-père avaient eu l'idée de modeler ce que nous appelions une « piste de bobsleigh », avec des virages aux bords relevés. Sur une troisième photo, je les vois, pelle en main et bonnet sur la tête, en train justement d'ajuster une courbe. Le loisir s'est rapidement transformé en compétition familiale. La recherche de la performance était poussée. Pour plus de vitesse – et afin de ne pas endommager la piste –, nous utilisions des luges faites maison, au design travaillé : un matelas en mousse recouvert de sacs-poubelle. D'année en année, nous améliorions les techniques de conception de la piste et de nos bobsleighs.

Vingt ans plus tard, cette tradition appartient au passé. Le réchauffement climatique n'est pas directement responsable de cette disparition – la vie s'en est chargée –, mais il relègue cette quantité de neige au rang de simples souvenirs. Si nous voulions raviver notre âme d'enfant et construire de nouveau cette piste, ce ne serait plus possible. Les hivers auvergnats sont plus doux, la neige se fait plus rare. S'il tombe 20 centimètres, c'est le bout du monde.

Méfiance néanmoins, météo et climat sont deux choses différentes. Ces années avec de fortes chutes de neige que je me remémore auraient pu être un hasard, un coup de chance. Malgré le réchauffement climatique, il peut tout à fait y avoir des températures extrêmement basses en hiver, il peut pleuvoir en juillet, voire faire frisquet en août, sans pour autant que le phénomène soit un mensonge ou soit en train de se résorber. La météo, c'est le temps qu'il fait maintenant, demain ou dans une semaine, tout au plus. Le climat, c'est une statistique des températures sur plusieurs années, plusieurs décennies. Isoler un seul événement météorologique ne permet pas de tirer une quelconque conclusion. Le climat est l'affaire du temps long, son réchauffement engendre de profonds bouleversements des écosystèmes.

À travers la fenêtre de sa chambre, Ugo, un ami rencontré sur les bancs de l'école de journalisme, aperçoit la montagne de Céüse. Elle ne l'a, en somme, jamais quitté, il la voyait déjà étant gosse depuis chez ses parents. Néanmoins, cela n'a rien d'exceptionnel car, à Gap, dans les Hautes-Alpes, ce massif est visible depuis presque tous les recoins de la ville.

« Ça s'apparente à un énorme fer à cheval, ceinturé d'une falaise absolument sans défaut. À l'intérieur, un cirque, avec des vallons, des plateaux, presque un autre monde, ça ne ressemble à rien d'autre. Et là-dedans il y avait une petite station : Céüse 2000. »

Si Ugo emploie l'imparfait, c'est que la station n'existe plus, fermée en 2020 par manque de chutes de neige, après quatre-vingt-cinq ans d'existence. Céüse 2000 est une victime, parmi d'autres, du réchauffement climatique.

« Quand t'en parles à quelqu'un, que tu lui demandes s'il skiait là-bas quand il était gamin, il te répond "bien sûr". »

Céüse 2000 était une petite station, familiale, belle et sans chichis. Tout en haut, un panorama exceptionnel avec les sommets de la frontière italienne jusqu'aux Monts d'Ardèche, le mont Ventoux, la montagne Sainte-Victoire ainsi que le massif des Écrins. Cette station était iconique pour les Gapençais, et bon nombre d'entre eux y ont appris à skier. Il y avait un véritable attachement sentimental, émotionnel à cet endroit.

Ugo est un passionné de ski, et encore, le mot est faible. Il pratique ce sport depuis si longtemps qu'il ne se souvient même pas de sa première fois. Avec plusieurs centaines de jours passés sur les pistes, dans une cinquantaine de stations différentes, Ugo en a vu du pays ! Pourtant, lorsque je lui demande s'il appréciait Céüse 2000, s'il se rappelle de bons moments là-haut, sa réponse est immédiate : « Parmi mes cinq meilleures journées de ski, il y en a une ou deux que j'ai passées à Céüse, sans l'ombre d'un doute. »

La station est, dans ses souvenirs lointains, toute blanche, vierge, avec un mètre de neige au sol, offrant trois mois skiables, de la mi-décembre jusqu'à la fin du mois de mars, voire début avril. Ce sont des heures et des heures passées à descendre les pistes, à glisser dans la poudreuse, à prendre les remonte-pentes, à s'amuser avec ses amis. Mais au fil du temps, elle a changé de visage, la situation se dégradant progressivement. La neige a commencé à devenir de moins en moins abondante, et les Gapençais ne se faisaient pas d'illusion sur ce qu'il allait advenir de leur station adorée.

« C'est peut-être un peu extrême ce que je vais dire, mais c'est comme lorsque tu vois un grand-parent qui décline. Tu sais que la fin est inéluctable. Lorsqu'il décède, ça fait mal, mais tu savais que ça allait arriver. C'est un peu la même chose avec Céüse 2000. Et ça nous enlève une partie de nos souvenirs d'enfance, d'adolescence, et un beau terrain de jeu aussi. »

Plus de trois ans après la fermeture, le deuil est fait. Ugo sait pertinemment qu'il ne reverra plus sa station de cœur. Parfois, la rumeur d'un repreneur qui investirait dans la station, y installerait des canons à neige, remettrait aux normes les téléskis et ferait ainsi revivre Céüse 2000 résonne dans la vallée, mais ce n'est rien d'autre qu'un mirage. « Il fait trop chaud, c'est fini », soupire Ugo.

La région des Alpes se réchauffe plus vite que la moyenne nationale, la température a augmenté de 2 °C depuis la fin du XIXe siècle[3].

---

3. Jacques Mourey, Mélanie Marcuzzi, Ludovic Ravanel et François Pallandre, « Effects of climate change on high Alpine mountain environments : Evolution of mountaineering routes in the Mont Blanc massif (Western Alps) over half a century », *Arctic, Antarctic, and Alpine Research*, 51:1, 2019, p. 176-189. https://www.tandfonline.com/doi/full/10.1080/15230430.2019.1612216

La station demeure déserte. À la tombée de la nuit, le village fantôme perché sur la montagne pourrait très bien être le cadre d'un film d'horreur. Un bruit de grincement métallique au loin, le vent et le silence.

Pour autant, ça n'empêche pas Ugo de remonter de temps en temps, l'hiver. « Maintenant, je scrute assez fébrilement l'arrivée de la neige pour aller faire du ski de randonnée. »

Mais le décor est triste à voir, des bandes de neige blanches alternent avec des parcelles d'herbes brunes, cramées. Le contraste entre l'image de la station qu'il a en mémoire et ce qu'il constate aujourd'hui est flagrant : en deux décennies seulement, Ugo estime que le nombre de jours d'enneigement a dû être divisé par dix.

Au cours des cinquante dernières années, les Alpes ont perdu un mois d'enneigement en dessous de 2 000 mètres d'altitude[4].

---

4. Michael Matiu, Alice Crespi, Giacomo Bertoldi, Carlo Maria Carmagnola, Christoph Marty, Samuel Morin, Wolfgang Schöner, Daniele Cat Berro, Gabriele Chiogna, Ludovica De Gregorio, Sven Kotlarski, Bruno Majone, Gernot Resch, Silvia Terzago, Mauro Valt, Walter Beozzo, Paola Cianfarra, Isabelle Gouttevin, Giorgia Marcolini, Claudia Notarnicola, Marcello Petitta, Simon C. Scherrer, Ulrich Strasser, Michael Winkler, Marc Zebisch, Andrea Cicogna, Roberto Cremonini, Andrea Debernardi, Mattia Faletto, Mauro Gaddo, Lorenzo Giovannini, Luca Mercalli, Jean-Michel Soubeyroux, Andrea Sušnik, Alberto Trenti, Stefano Urbani et Viktor Weilguni, « Observed snow depth trends in the European Alps : 1971 to

Et après Céüse 2000, à qui le tour ? Ugo craint désormais logiquement pour d'autres stations du bassin gapençais. Plusieurs sont menacées de fermeture, comme Laye, qui n'a pas ouvert son domaine skiable entièrement depuis plusieurs années. Plus largement, à l'échelle nationale, quasiment toutes les stations situées en moyenne montagne, en dessous de 1 800 mètres d'altitude environ, et qui n'ont pas investi – ou pas suffisamment tôt – dans la neige de culture, risquent de tomber les unes après les autres, comme des dominos.

Un peu plus au sud de Gap, dans le Var, ce n'est pas la neige qui manque, mais l'eau. À cause du réchauffement climatique, les pluies se font de plus en plus rares, les chaleurs, de plus en plus fortes, la sécheresse s'installe. Les réserves des nappes phréatiques s'amenuisent à une vitesse inquiétante, à tel point qu'il n'y aura peut-être bientôt plus d'eau pour tous les habitants du coin. Ainsi, en 2023, les villages du Pays de Fayence ont décidé de ne plus accorder, pour cinq ans, de permis de construire pour de nouvelles habitations. C'est une décision forte, inédite en France, mais qui est motivée par une logique implacable :

2019 », *The Cryosphere*, 15:3, p. 1343-1382.
https://tc.copernicus.org/articles/15/1343/2021/tc-15-1343-2021.html

ça ne sert à rien de s'établir dans la commune si c'est pour que les nouveaux robinets installés ne coulent pas.

Mon grand-père maternel vivait dans les environs et, même si nous n'étions pas dans un déni de réalité, ce genre de situation nous apparaissait appartenir au registre des « générations futures ». Erreur. Cela se produit aujourd'hui, en France, chez nous. Nous sommes touchés. François Cavalier, le maire de Callian, un des villages concernés, avouait dans un article du journal *Le Monde* : « Le dérèglement climatique, cela devient concret pour nous. Ce n'est pas qu'on ne l'a pas vu venir, mais il y a un côté foudroyant. » Effectivement, nous l'avions vu venir mais n'avions pas pris la mesure de ce qu'il allait impliquer, nous n'avons pas daigné écouter les scientifiques qui produisent des travaux depuis des décennies qui se révèlent – malheureusement – exacts. Ce n'est pas un mauvais rêve duquel nous allons nous réveiller, l'eau potable commence à manquer. Qui aurait pu le prédire ?…

À une trentaine de kilomètres du Pays de Fayence, le petit village de Bargemon. Avec ses ruelles piétonnes étroites, sa place centrale, ornée de peupliers et d'une fontaine du XVIIIe siècle, ses vestiges de remparts médiévaux, c'est un lieu typique du Haut-Var. Bargemon fait partie des 2 000 communes qui ont connu des difficultés d'approvisionnement en eau potable à l'été 2022. À cause de la sécheresse, les nappes phréatiques sont au plus bas. La commune n'a pas d'autre choix que de se faire ravitailler en eau pour que les robinets puissent continuer à couler. L'armée s'en charge. Mais leurs camions n'étant pas agréés sanitairement, l'Agence régionale de santé a demandé de surchlorer les bassins. Conséquence : l'eau n'était plus propre à la consommation. Il a alors fallu distribuer des bouteilles d'eau à la population : trois par jour et par personne.

Ces situations, en plus du traumatisme qu'elles peuvent générer, sont sources de tension. Sur les chaînes d'info en continu et à longueur d'interviews, la maire de Bargemon n'hésite pas à exprimer sa colère face aux habitants qui ne jouent pas le jeu et qui, malgré les appels au civisme pour réduire la consommation d'eau et ainsi faire remonter le niveau des nappes phréatiques, arrosent leur gazon ou remplissent leur piscine. L'échelle strictement locale de cet événement fait que la discorde est contenue et prend peu d'ampleur médiatique, mais elle laisse présager et craindre, dans les années à venir, des conflits plus importants au sein de la population si de tels faits se produisaient dans des proportions plus grandes.

Moins d'un an plus tard, à Bargemon, l'eau n'est pas revenue en abondance et a poussé la municipalité, en mai 2023, à suspendre également les permis de construire des piscines pour faire face à la sécheresse. Et, pour montrer l'exemple, la piscine municipale n'est plus remplie qu'avec l'eau des fontaines du village. Chaque goutte compte.

Voilà que j'écris depuis plusieurs pages déjà que le réchauffement climatique est à l'origine de tous ces événements, mais en suis-je bien sûr ? N'aurait-on pas pu nous raconter des craques sur le fait que la température moyenne de la Terre augmente à cause des activités humaines ? Eh bien non ! Le Groupe d'experts intergouvernemental sur l'évolution du climat démontre le consensus scientifique autour de cela. Et, détail qui a son importance : le GIEC n'est pas un groupe politique ou un lobby, mais un organe scientifique rattaché aux Nations unies. Il est composé de chercheurs et de chercheuses du monde entier, qui réalisent une synthèse de l'ensemble des connaissances et des travaux scientifiques sur le sujet – les fameux rapports du GIEC. Justement, dans le sixième, publié en 2021, le groupe d'experts fait état du lien indiscutable entre les activités humaines émettrices de gaz à effet de serre – la combustion d'énergies fossiles et l'agriculture, notamment – et le réchauffement climatique. Chacune des quatre dernières décennies a été successivement la plus chaude observée. Le réchauffement global atteint 1,1 °C entre la période 1850-1900 et 2011-2020. En France, il est de 1,7 °C. Ce changement est sans précédent à l'échelle de milliers d'années, l'accumulation de chaleur dans l'océan actuel est inédite depuis dix-huit mille ans… et je vous épargne de très nombreuses preuves, que vous trouverez dans ce rapport du GIEC.

Je ne souhaite pas me lancer dans une liste exhaustive des conséquences du réchauffement climatique en France, mais il me semble important d'évoquer un dernier exemple : les incendies. Les températures plus élevées assèchent la végétation et la rendent plus sensible au développement des feux et, dans certaines régions, la raréfaction des pluies aggrave ce phénomène. Météo France s'attend à ce que la quasi-totalité du territoire national soit confrontée au risque d'incendies dans les années à venir. La menace progresse donc dans le nord de la France, comme en témoignent, par exemple, les incendies de l'été 2022 en Bretagne. Près de 3 000 hectares ont brûlé dans les monts d'Arrée, dans le Finistère, et dans la forêt de Brocéliande, dans le Morbihan. Des feux d'une ampleur peu habituelle pour ce territoire. Les travaux réalisés par Météo France font aussi état d'un allongement de la saison des feux. Un démarrage anticipé et une fin plus tardive. Le risque d'incendie touche de plus en plus d'endroits, sur une période de plus en plus longue, et ce n'est qu'un début.

Vous l'aurez bien compris, le réchauffement climatique va aussi bien toucher nos plaisirs – comme le ski, la piscine – que nos besoins vitaux – notamment l'accès à l'eau potable et la sécurité alimentaire. Ces faits, ces événements, ces situations montrent bien que l'écologie ne tente pas de faire du catastrophisme, d'avoir une vision alarmiste sur le monde et l'avenir, mais essaye au contraire d'apporter de la lucidité sur ce qui nous attend, ce qui va arriver plus vite que ce que nous imaginions. Cela montre également l'urgence à agir, de façon concrète et efficace – nous y viendrons un peu plus tard.

D'ici la fin du siècle, nos conditions de vie sur Terre vont être bouleversées

Non, vraiment, je n'aurais jamais imaginé pouvoir mourir d'une canicule. Lorsque je suis né, décéder à cause d'une vague de chaleur relevait plutôt de la malchance. Il s'en produisait en moyenne une tous les cinq ans avant 1989. Depuis, leur fréquence et leur intensité n'ont cessé de croître et elles ne vont pas s'arrêter en si bon chemin. En 2050, dans à peine un quart de siècle

– demain donc –, il devrait y avoir deux fois plus de canicules, d'après les travaux de Météo France. À la fin du siècle, au crépuscule de ma vie, ces épisodes, au-delà d'être plus nombreux, seront également plus longs puisqu'ils arriveront plus tôt dans l'année pour se terminer plus tard : de mai à octobre. Un été classique en 2100 en France sera un été avec des canicules quasi permanentes. Météo France indique sur son site Internet que « sans politique climatique, il y a 3 chances sur 4 pour que le nombre annuel de jours de vagues de chaleur augmente de 5 à 25 jours en fin de siècle ; selon les régions, par rapport à la période 1976-2005 ». Mourir de chaleur sera d'une banalité absolument affligeante.

Il est intéressant de noter que ces prévisions se basent sur un scénario climatique intermédiaire du GIEC – SSP2-4.5, de son petit nom, est une modélisation vers laquelle nous nous dirigeons actuellement, avec des émissions de gaz à effet de serre qui n'explosent pas mais qui ne diminuent pas drastiquement pour autant – qui table sur un réchauffement à l'échelle mondiale de + 2,7 °C en 2100. En France, nous serions à + 4 °C, avec une marge d'erreur d'environ plus ou moins 1 °C, ce qui signifie qu'un scénario loin d'être pessimiste pourrait nous emmener dans une France plus chaude de 5 °C en 2100. 5 °C. Rappelez-vous la comparaison que j'ai faite précédemment avec la fièvre pour le corps humain. Juste pour info, le pire scénario du GIEC – salaud de SSP5-8.5 – prévoit un réchauffement de l'ordre de 7 °C pour la France en 2100. Je suis désolé mais, afin de protéger ma santé mentale, je ne vais pas chercher dans des articles scientifiques quelles seraient les conséquences concrètes d'une telle augmentation, vous m'excuserez. Ces 4 °C de réchauffement sont une moyenne, et celle-ci cache des disparités. Au bord de la Méditerranée et dans les vallées du Rhône et de la Garonne, les vagues de chaleur pourraient durer un à deux mois de plus en été. De véritables fournaises. Dans le Nord, il pourrait y avoir 30 à 50 « nuits tropicales » par an, des nuits où la température ne descend pas en dessous de 20 °C. Dunkerque sous les tropiques, qui l'eût cru ?

Plus il va faire chaud, plus l'eau va s'évaporer et, avec de telles chaleurs, le cycle de l'eau va être considérablement perturbé. Le sud de la France et le pourtour méditerranéen – j'ai l'impression de me transformer en présentateur météo avec cette formule – vont être particulièrement touchés, avec des baisses importantes de précipitations. Il est compliqué de donner des chiffres précis à cet horizon mais les tendances sont sans équivoque. Les régions peu riches en eau actuellement vont donc s'assécher d'autant plus, ce qui, paradoxalement, accroît également le risque d'inondations dévastatrices, lorsque mère nature daigne faire tomber la pluie. Un sol sec est moins perméable et, en cas de très fortes précipitations, l'eau monte rapidement – rappelez-vous les inondations d'octobre 2015 dans les Alpes-Maritimes. Le risque est similaire dans les régions plus humides, avec là encore plus d'évaporation, qui engendrent plus de pluies et de potentielles inondations. Elles peuvent être mortelles, mais dans une relativement faible mesure, les dégâts les plus importants concernant plutôt l'agriculture : cultures endommagées, récoltes ruinées.

L'agriculture sera doublement victime : de l'augmentation des fortes précipitations d'une part, de la sécheresse d'autre part. Les canicules et le manque d'eau vont induire une baisse des rendements et donc, pour nous, en bout de chaîne, cela veut dire très concrètement moins de nourriture. Toutes les cultures ne subiront pas le réchauffement climatique de la même manière, mais globalement les perspectives ne sont pas reluisantes. Les rendements des cultures de maïs, par exemple, pourraient être diminués d'un quart, en 2100, d'après des projections effectuées par la Nasa. Des prévisions loin d'être farfelues étant donné que cette céréale a besoin de beaucoup d'eau. En 2022 par exemple, année « exceptionnelle » qui sera la norme dans un futur proche, les rendements en maïs ont baissé de 18 % en France, un niveau jamais atteint depuis 2003[5].

De prime abord, le lien entre ces petits grains jaunes et notre sécurité alimentaire n'est pas forcément évident : j'aime bien le maïs, c'est vrai, mais je pense que si je n'en ai pas dans mes salades estivales, je pourrais m'en remettre. Globalement, je m'avance un peu mais j'imagine qu'à l'instar du mien, le régime alimentaire de mes lectrices et lecteurs ne repose pas essentiellement sur le maïs. Or, la culture de cette céréale est, dans son immense majorité, destinée à l'alimentation des animaux d'élevage. Moins de maïs, ça veut dire potentiellement moins de steaks…

Après notre sécurité alimentaire, les sécheresses vont affaiblir également nos forêts. On l'a toutes et tous appris à l'école, les végétaux – dont font partie les arbres, je le rappelle –, grâce à la photosynthèse, se nourrissent du CO_2 pour produire de l'oxygène, qui nous permet de vivre ; la nature est quand même bien faite. C'est pour cela que les forêts sont ce qu'on appelle des « puits de carbone ». Elles sont très précieuses dans la lutte contre le réchauffement climatique, elles absorbent environ 15 % de nos émissions de dioxyde de carbone.

5. FranceAgriMer / ARVALIS, Qualit@lim maïs grain 2022. https://www.arvalis.fr/sites/default/files/medias/pdf/2023-02/Qualitalim_Mais_2022.pdf

Mais les sécheresses, je le disais, vont rendre les forêts plus vulnérables, avec des conditions de plus en plus propices aux incendies. Mis à part le risque humain et les pertes conséquentes pour la biodiversité – ce qui en soi est déjà pas mal –, les incendies réduisent nos puits de carbone, donc notre capacité à absorber du CO_2, responsable du réchauffement climatique. Surtout, lorsque le bois brûle, il relâche dans l'atmosphère en quelques heures ou quelques jours au maximum tout le carbone qui a été stocké pendant des décennies voire des siècles par les arbres. « Les emmerdes, ça vole toujours en escadrille », disait le président Chirac.

Reprenons un peu d'altitude. Si vous aimez skier, vous l'avez déjà saisi, vous ne trouverez pas dans ce livre de très bonnes nouvelles. Le déclin et la mort de certaines « petites » stations dans les Hautes-Alpes n'est qu'un apéritif. L'enneigement continuera à décliner partout, tout au long du XXIe siècle et, qu'importent les évolutions des émissions de gaz à effet de serre, la quantité de neige diminuera de 25 % à basse altitude dans des régions comme les Alpes d'ici à 2050[6].

6. GIEC, « Rapport spécial sur l'océan et la cryosphère dans le contexte du changement climatique », chapitre 2 : Les zones de haute montagne, septembre 2019. https://www.ipcc.ch/srocc/

Météo France prévoit que la durée d'enneigement, en 2100, pourrait se limiter à 10 jours dans les Pyrénées, en moyenne montagne. Dans les Alpes, entre 20 et 40 jours, mais dans le sud du massif alpin, chez mon ami Ugo, moins de 5 jours par an. La fenêtre de tir pour profiter de jolies vacances au ski se réduit considérablement et il va falloir soit être très réactif, soit avoir de la chance pour descendre des pistes enneigées dans un futur plus ou moins proche. Au total, 93 % des stations des Alpes et 98 % de celles dans les Pyrénées manqueront de neige d'ici la fin du siècle avec un réchauffement climatique de l'ordre de + 3 °C, la trajectoire actuelle[7].

Après, ce n'est pas parce qu'il ne neige pas naturellement qu'il n'y a pas de neige. L'humain est plein de ressources, comme les stations le sont de canons. Alors, certes, les paysages ne valent plus ceux d'antan avec ce beau manteau blanc qui recouvrait délicatement la montagne, mais la technologie peut nous permettre de conserver des plaisirs simples, comme payer 50 balles son forfait jour pour La Clusaz, 15 balles son vin chaud en

7. Hugues François, Raphaëlle Samacoïts, David Neil Bird, Judith Köberl, Franz Prettenthaler, *et al.*, « Climate change exacerbates snow-water-energy challenges for European ski tourism », *Nature Climate Change*, août 2023. https://www.researchgate.net/publication/373455848_Climate_change_exacerbates_snow-water-energy_challenges_for_European_ski_tourism.

bas des pistes et 32 balles sa tartiflette, merde ! Ce ne sont pas les abords verdâtres des descentes qui vont nous empêcher de nous faire plaisir, quand même. Qu'ils sont rabat-joie ces écolos !

Malheureusement, non contents d'arroser les pentes de quelques flocons artificiels, les canons aspergent d'illusions les skieurs. Ils permettent de prolonger le rêve – le déni ? – mais cela ne va durer qu'un temps. À la fin du siècle, à partir de 2080, de nombreuses stations pourraient manquer à l'appel. Tignes ? Présent ! Ouf… Ax 3 Domaines ? Ax 3 Domaines ? Personne ne dit rien, on n'entend même pas le bruit d'une remontée mécanique. J'imagine qu'elle est avec Luz-Ardiden et Font-Romeu, n'est-ce pas ? Sur 175 stations de ski dans les Alpes et les Pyrénées étudiées par une équipe de scientifiques, seules 24 arriveraient toujours à être rentables et ainsi survivre, dans un monde où le pire scénario modélisé par le GIEC se réaliserait[8] (ce qui n'est pas impossible).

L'idée n'est toujours pas d'apporter une liste absolument complète de toutes les conséquences,

8. Pierre Spandre, Hugues François, Deborah Verfaillie, Marc Pons, Matthieu Vernay, Matthieu Lafaysse, Emmanuelle George, E. et Samuel Morin, « Winter tourism under climate change in the Pyrenees and the French Alps : relevance of snowmaking as a technical adaptation », *The Cryosphere*, 13:4, 2019, p. 1325-1347.

en fonction de tous les scénarios climatiques décrits par le GIEC, mais de brosser les implications les plus importantes, les plus parlantes, selon moi. Je n'ai pas mentionné la biodiversité – je le ferai un peu plus tardivement dans ce livre – ni les impacts sur les infrastructures, la sécheresse qui engendre des fissures sur les bâtiments… mais il me semble que ces quelques exemples développés permettent déjà de comprendre l'ampleur de la menace. Et je me focalise, là encore, sur notre douce France, chez moi, chez vous. Car, si vous êtes comme moi, un individualiste qui place son bonheur, son confort et ses libertés avant ceux des autres, le sort d'autrui, des personnes qui vivent loin de nous, ne nous importe guère. Sans être pour autant un monstre froid et insensible, savoir que des gens périssent dans des inondations monstres au Pakistan – conséquences du réchauffement climatique – ne va pas générer en notre for intérieur un quelconque déclic. Cette misère est trop lointaine pour nous atteindre. C'est mal, mais c'est comme ça. Nous savons pertinemment que des millions de personnes crèvent la gueule ouverte, nous croisons des SDF, la misère est partout et les plus altruistes d'entre nous donnent un peu aux Restos du cœur. Je force le trait, mais à peine. Enfin, bref, si vous êtes fait du même bois que moi, ça ne sert à rien que je vous rappelle – ou vous annonce ? – qu'il y a eu, en Chine, des dizaines de morts et de disparus à l'été 2023 à cause d'inondations. Qu'en plus de pluies torrentielles, le pays a connu une vague de chaleur exceptionnelle, ce qui a permis à Pékin de vivre sa journée la plus chaude jamais enregistrée, avec le thermomètre affichant 41,1 °C. Inutile également de mentionner les incendies qui ont ravagé la Grèce, l'Italie et l'Algérie lors de ce même été 2023 – avec au passage, là encore, des dizaines de morts et 177 000 hectares brûlés sur le seul mois de juillet. Ou encore le nouveau record de chaleur au Brésil avec 58,5 °C ressentis à Rio en novembre 2023. Non, je ne vais pas perdre mon temps à vous dire tout cela. Retenez néanmoins qu'il faut arrêter de considérer le combat contre le réchauffement climatique comme une lutte pour sauver la planète, il s'agit en réalité de préserver des conditions de vie habitables sur Terre pour l'humanité. L'accès à l'eau potable, la production agricole – et donc la sécurité alimentaire – sont menacés, le réchauffement climatique induit une surmortalité liée aux vagues de chaleur, aux incendies, aux événements météorologiques, qui seront de plus en plus violents… Et cela va aller de mal en pis.

En fonction de l'intensité du réchauffement à la fin du siècle, certaines régions du monde risquent de devenir tout bonnement inhabitables[9]. Dans

9. Camilo Mora, Benedicte Dousset, Iain R. Caldwell, *et al.*, « Global risk of deadly heat », *Nature Climate Change*, 7, 2017, p. 501-506. https://doi.org/10.1038/nclimate3322.

certaines conditions – une forte chaleur alliée à un taux important d'humidité dans l'air –, l'être humain ne peut pas survivre plus de quelques heures. Notre corps n'arrive plus à transpirer, il surchauffe et c'est la catastrophe. Plus il fait chaud, moins le taux d'humidité doit être élevé pour que cela nous soit fatal. Aujourd'hui, ces paramètres sont déjà réunis, mais seulement quelques jours dans l'année dans des zones limitées – dans le nord de l'Australie, en Afrique de l'Ouest ou en Inde, par exemple –, cependant le changement climatique va bouleverser la donne. Si le réchauffement suit sa trajectoire actuelle et avoisine les 3 °C en 2100, des pays comme la Malaisie (33 millions d'habitants), l'Indonésie (274 millions d'habitants), la Côte d'Ivoire (27 millions d'habitants), le Ghana (32 millions d'habitants), le nord du Brésil ou la Guyane pourraient devenir invivables. Dans un scénario plus pessimiste, à 4 °C, c'est toute une bande sur le centre du planisphère qui deviendrait inhabitable, partant du Guatemala (17 millions d'habitants), passant par le Nigeria (213 millions d'habitants), jusqu'à la Thaïlande (71 millions d'habitants). Tous ces endroits connaîtront, la majeure partie de l'année, le seuil critique de chaleur et d'humidité rendant la vie en extérieur quasi impossible. Il faut bien prendre la mesure de ce que signifie cette phrase, même si la France n'est pas concernée – ouf !

Revenons alors à nos moutons, à nous. Toutes ces péripéties qui se déroulent au-delà de nos frontières, et qui vont s'intensifier d'ici à 2100, vont tout de même nous toucher. Quand certains territoires à la surface de la Terre deviennent littéralement inhospitaliers pour l'espèce humaine, à cause de la chaleur et/ou du manque d'eau et/ou d'une sécurité alimentaire insuffisante et/ou de la montée du niveau de la mer, les habitants de ces régions ne se laissent pas sagement mourir sur place, se disant « bon, tant pis, on a perdu la partie ». Non, ils fuient, ils migrent. Toutes et tous ne se déplaceront pas exclusivement vers l'Europe et la France, mais certains le feront – il faut concéder que le Vieux Continent a des atouts séduisants, à commencer par le fait que la vie y sera encore possible à la fin du siècle. Le Haut-Commissariat des Nations unies pour les réfugiés estime que depuis 2008, chaque année, 21,5 millions de personnes en moyenne ont fui leur pays pour des raisons climatiques. La Banque mondiale prévoit 260 millions de déplacés climatiques en 2030, et jusqu'à 1,2 milliard en 2050. Des événements qui paraissent lointains ont donc des implications très concrètes chez nous : il faut s'attendre à une immigration importante et aux bouleversements sociétaux qui l'accompagnent.

Et sans être une sommité spécialisée dans le domaine, chacun se rend bien compte de l'enjeu et de la gravité de la situation. D'autant que, comme l'indique François Gemenne, directeur de l'Observatoire Hugo, qui étudie l'impact des changements environnementaux sur les phénomènes migratoires et auteur du GIEC, dans un entretien à Radio Canada, en octobre 2021 : « Nous sommes toujours dans une logique réactive et la seule action de fermer les frontières est vouée à l'échec dès le départ, les gens vont s'exiler de toute façon s'ils se sentent menacés. » Le politologue plaide ainsi pour « qu'on organise les migrations en amont plutôt que d'y résister ou de vouloir les empêcher. Cela va produire d'innombrables drames humains et d'innombrables crises politiques, c'est pour cette raison qu'il faut organiser les migrations du mieux qu'on peut, c'est pour ça qu'il faut planifier ».

Soyons individualistes et agissons maintenant

Le tableau du réchauffement climatique a longtemps été abstrait, représentant une obscure menace pour les générations futures. Désormais, les traits sont nets, les menaces claires, et, au premier plan de cette toile, ce ne sont pas d'hypothétiques enfants ou petits-enfants que je discerne mais moi. Ma vie, quoi qu'il advienne, sera bouleversée par la crise écologique. L'envie d'agir pour endiguer le phénomène pourrait facilement être consumée par les flammes qui m'entourent, noyée par des inondations ou asséchée par une canicule : la vision fataliste de cette peinture paralyse l'action. Les conséquences du réchauffement climatique sont terribles et semblent inévitables. On a envie de se dire que c'est foutu.

Le décalage temporel entre des efforts et une éventuelle amélioration de la situation – sans évoquer l'absolue incertitude de réussite – ne vient pas non plus plaider en faveur d'un engagement. Nous sommes addicts à l'immédiateté, ce n'est plus dans notre nature de planter une petite graine et d'attendre des lustres pour voir le résultat. (Si je veux filer la métaphore artistique : on ne va pas aller acheter des pinceaux, des tubes de peinture et une toile, y passer des mois pour ensuite accrocher le tableau dans le salon, on va sur Internet, on achète le tableau et on se le fait livrer en quarante-huit heures.) Quand une nouvelle série télévisée sort, il faut la binger. Quand une recherche Internet prend plus de deux secondes car le réseau n'est pas très bon, nous nous énervons. Il nous faut gagner du temps, avoir tout, tout de suite. Alors être écolo face à des milliards de pollueurs, poireauter des plombes pour un effet incertain… c'est cela, oui ! Et pire, imaginez que ces sacrifices que vous réalisez, bien qu'armé de patience, vous passent sous le nez et ne profitent qu'aux autres ? Oh là non, l'intérêt que nous portons à autrui est proportionnellement inverse à notre amour de l'immédiateté.

En somme, l'avenir est sombre, nous allons toutes et tous crever et nous ne récolterons pas les fruits de nos efforts… à quoi bon, franchement ?

La « bonne nouvelle » est que ces freins à l'action ne sont pas justes. Oui, certaines conséquences du dérèglement sont irréversibles – la fonte des glaciers ou la hausse du niveau de la mer, notamment – mais il est toujours temps d'éviter un réchauffement de l'ordre de 3 ou 4 °C : ce sont les émissions actuelles et futures qui vont définir le climat des prochaines décennies. Le sentiment d'inertie relatif au combat climatique, qui n'est pas infondé, est largement surestimé. Celles et ceux qui ont prévu de rester en vie encore plus de vingt ans – j'en fais partie – ont tout intérêt à s'employer en faveur de l'écologie. Même si un peu d'altruisme ne fait pas de mal, entendons-nous bien, les égoïstes que nous sommes doivent voir ce combat comme le leur, comme celui de la préservation de conditions de vie agréables sur Terre. Vous ne voulez pas que votre résidence secondaire dans une charmante pinède du sud de la France disparaisse dans un incendie ? Devenez écolo. Vous voulez encore skier en hiver dans vingt ans ? Devenez écolo. Vous ne voulez pas subir des rationnements sur la nourriture pendant votre retraite ? Devenez écolo. Vous voulez continuer à boire de l'eau du robinet en été ? Devenez écolo.

Debout, les individualistes de la Terre ! Et cet appel, je le fais sans la moindre once de sarcasme.

Déjà – et pour le coup c'est une vraie bonne nouvelle –, le réchauffement climatique n'a pas d'inertie physique : si demain nous arrêtons complètement d'émettre du CO_2, le climat se stabilise[10]. Ça ne signifie pas que le climat revient en arrière, à un réchauffement de 0 °C, nos émissions passées nous l'empêchent.

Toutefois, il y a une inertie sociétale et politique. Nous sommes dépendants des énergies fossiles – charbon, pétrole et gaz – pour nous déplacer, nous nourrir (eh oui, même derrière une courgette il y a du pétrole avec le camion qui l'a transportée, le tracteur sur les cultures et même un peu de gaz si elle a poussé sous serre en hiver), nous chauffer… et tout arrêter d'un coup est absolument impossible. Cela provoquerait l'effondrement de nos sociétés. Une sortie des énergies fossiles ne peut être que progressive. Ainsi, dans le sixième rapport du GIEC, il est démontré qu'à partir du moment où les premières actions de réduction des émissions de gaz à effet de serre sont prises, une incidence sur la température est observée entre vingt et trente ans plus tard[11]. Pour

10. GIEC, sixième rapport, chapitre 4, figure 4.39, Zero emissions commitment (ZEC), 2023.
11. GIEC, sixième rapport, FAQ 4.2, figure 1, Observing the benefits of emissions reductions.

le scénario « optimiste » du GIEC – que je devrais plutôt définir comme le scénario utopique car il aurait fallu prendre des mesures drastiques dès sa sortie –, la hausse de la température se stabilise aux alentours de 2040, pour ensuite légèrement baisser à la fin du siècle. En d'autres termes, si nous baissons fortement les émissions de CO_2, nous en verrons les bénéfices sur la stabilisation du réchauffement et l'arrêt de l'intensification des phénomènes extrêmes dans une vingtaine d'années. Pour cela, il faut néanmoins une action mondiale et concertée.

À l'inverse, si nous abandonnons et que nous continuons à émettre des quantités colossales de gaz à effet de serre, nos conditions de vie vont continuer à se dégrader tout au long de notre existence.

Agir est donc utile, nécessaire, vital. Ce n'est pas « foutu », ce n'est pas vrai scientifiquement, il n'y a pas un jour où nous allons nous réveiller et la partie sera perdue. En matière climatique, le *game over* n'existe pas, le réchauffement va continuer encore et encore si rien n'est fait. Alors, non, il n'est pas question de sauver la planète, le lecteur ou la lectrice l'aura bien compris, il s'agit de préserver des conditions de vie habitables sur Terre et, pour le dire clairement, de sauver les derniers meubles. L'étagère et le fauteuil que nous aimions tant ont cramé, nous ne les reverrons plus, c'est triste, mais on peut en protéger encore pas mal !

Alors, bougeons-nous. Mais intelligemment… Arrêtons de considérer l'écologie comme punitive. Est-ce que légiférer pour proposer des plats végétariens équilibrés dans les cantines scolaires, faire des pistes cyclables sur les routes au détriment des automobilistes est une punition ? Ou est-ce ne plus avoir d'eau à son robinet dès le mois de mai à cause d'une sécheresse intense ? La sanction sera pire si rien n'est fait… de façon efficace.

Chapitre 2

Les petits gestes pour le climat ne le protègent pas

Le recyclage n'est pas aussi écologique qu'on le pense

C'est en avalant du poulet rôti, un bout de pomme de terre et un peu de vin rosé qu'il nous a assuré qu'il était « écolo ». Nous étions en train de déjeuner en famille, à l'ombre d'un tilleul, quand cette connaissance de mon grand-père a insisté, de bonne foi, sur ses convictions environnementales. Son argument semblait absolument irréfutable : « Bah attendez, bien sûr que je suis écolo, je recycle ! »

Non, ne cherchez pas, ça se tient. Qu'importe qu'il soit venu manger ce midi en 4 × 4 qui carbure à l'essence et qu'il mange de la viande, l'écologie, c'est le recyclage, le recyclage, c'est l'écologie. Il n'y a qu'à regarder le symbole universel du recyclage qui est apposé sur les emballages : trois flèches qui pointent chacune sur la suivante, formant un triangle et mimant une rotation infinie, un cycle inarrêtable et vertueux de réutilisation du matériau. Aucun mal n'est fait à l'environnement avec cette bouteille en plastique, avec cette conserve ou ce paquet de céréales, du moment qu'ils terminent bien dans la poubelle jaune, parce que dans quelque temps bouteille redeviendra bouteille, conserve redeviendra conserve, etc. Et même si, par malheur, ils ne se réincarnent pas en leur produit d'origine, ils renaîtront en pull, canette ou carton de déménagement, qui seront eux aussi recyclés et la planète, soulagée, nous dira merci.

Je ne me rappelle plus précisément le moment où ce sujet a été abordé à l'école – je ne suis pas encore trop vieux mais cela remonte à plus de vingt ans, tout de même –, en revanche j'ai le souvenir d'avoir été sensible à ce que m'avait appris mon institutrice sur l'importance de recycler à la maison. Dès ce que l'on appelait à l'époque « l'heure des mamans » – la sortie des classes à 16 h 30 –, je m'étais empressé de tout réciter à mon père qui m'attendait devant le portail de l'école avec mon goûter. Le développement durable, ce n'est en réalité pas compliqué, il faut trier ses déchets et faire sa part, être un bon citoyen qui lutte, à son échelle mais activement, pour le bien-être de la planète. Et depuis ce jour-là, il y a un bac jaune de tri chez mon père. Cette deuxième poubelle qui m'a valu de nombreuses remontrances étant adolescent et jeune adulte :

« Tu pourrais mettre ça dans la bonne poubelle quand même ! C'est toi qui m'as appris le recyclage et tu ne le fais pas, franchement…

– Oh j'm'en fiche, papa. »

Ce n'était pas par incivilité ni provocation, mais plutôt par pur désintérêt que je ne triais pas. Depuis mon enfance, le lien entre écologie et recyclage était si fort, si évident que, ne m'estimant pas « écolo », je ne voyais pas pourquoi j'aurais dû prendre le temps et faire l'effort de mettre chaque déchet dans la poubelle adéquate. Dans mon esprit, l'action écologique se synthétisait parfaitement selon ce raisonnement : je recycle, donc je suis écolo – qu'aurait eu Descartes, j'en suis persuadé, s'il avait vécu à cheval sur les XXe et XXIe siècles comme moi.

Recycler est l'action écologique par excellence, une action qui nous fait nous sentir utiles, qui nous rappelle que nous agissons pour le camp du bien. Jeter sa bouteille d'eau en plastique dans le bac jaune, c'est ce petit geste pour la planète qu'on se doit de réaliser, même si on se dit que ce sont les entreprises et les Chinois qui polluent en majorité. Il nous est aujourd'hui impossible de nier ou d'occulter la pollution plastique – colossale et dramatique, sans sarcasme aucun – et toutes ces tortues qui meurent parce que nous jetons nos pailles n'importe comment.

Oui mais voilà, la réalité est un peu plus complexe. Déjà, ne serait-ce que dans ma formulation et ma conception du recyclage, j'ai tout faux. Lise Nicolas et Enzo Muttini, ingénieurs et fondateurs du bureau d'étude M. & Mme Recyclage, me reprennent dès le début de notre entretien : « Les gens disent "je recycle" mais non, ils trient leurs déchets, c'est différent. »

La nuance a effectivement son importance. « Ils assimilent le fait de mettre les déchets dans le bac jaune comme un recyclage systématique. C'est là toute l'ambiguïté de la chose. "Je mets dans la poubelle jaune donc c'est recyclé", non, on en est loin ! »

Ça m'a fait un petit choc quand j'ai appris que tous les déchets que nous trions ne sont pas forcément recyclés. J'étais peut-être trop naïf mais, lorsque je voyais un emballage libellé « recyclable » ou sur lequel il est précisé qu'il faut le jeter dans le bac de tri, je l'imaginais effectivement recyclé après avoir effectué un petit voyage en camion benne à ordures et un tour de manège dans le centre de tri. Non, pas à tous les coups. Il y a fort à parier qu'un pot de yaourt ou une barquette de jambon mis dans la poubelle jaune finissent incinérés ou enfouis, comme de vulgaires déchets non recyclables. C'est le cas également pour tous les plastiques intégrés à des emballages en papier, comme les packs de sucre souples. Et la liste est longue. Le midi, quand je n'ai pas beaucoup de temps pour déjeuner, je mange des plats préparés surgelés – personne n'est parfait – qui sont dans des bols en carton. Sur l'emballage, il est indiqué que seul l'opercule en plastique est à jeter, le bol, lui, est à trier. Pourtant, un film plastique est collé sur l'intérieur, ce qui rend son recyclage complexe. Dans le meilleur des scénarios, quelques fibres de carton seront recyclées ; néanmoins, il est probable que ce bol ne connaisse pas de nouvelle vie.

« Tous les plastiques se recyclent, absolument tous », m'explique pourtant, catégorique, Kako Naït Ali, ingénieure matériaux.

La raison de la non-recyclabilité de nos déchets n'est donc pas vraiment d'ordre technologique mais économique. Le recyclage, c'est un business. Ce n'est pas parce que c'est en faveur de l'environnement que les filières échappent à la logique de rentabilité. Et jusque-là, seules deux étaient intéressantes économiquement parlant : le recyclage du PET – le plastique de nos bouteilles d'eau, entre autres – et celui du PEHD – qui compose nos bouteilles de shampooing, par exemple. Et c'est tout. Depuis quelque temps maintenant, d'autres filières commencent à émerger timidement, en revanche l'intérêt financier prime toujours.

Kako Naït Ali me raconte une anecdote assez révélatrice : en 2017, les industriels ont remplacé les bouteilles de lait en PEHD par des bouteilles en PET. En théorie, ce plastique est recyclable, or, il n'a pas les mêmes propriétés que celui des bouteilles d'eau, il faut donc une nouvelle filière, spécifiquement dédiée au recyclage de ces bouteilles de lait. Lors de la mise en circulation de ces emballages, cette filière de recyclage n'existait pas, il n'y avait pas une quantité de matière suffisante afin qu'elle soit économiquement viable. Elle n'a été développée que dans un second temps.

Au-delà des réalités économiques, il y a une volonté de simplification du geste de tri qui explique aussi pourquoi je me suis senti trompé quand j'ai appris que tout ce qui est trié n'est pas forcément recyclé. Je vis à Paris et, depuis 2019, je peux mettre tous les emballages plastiques dans le bac jaune, et c'est le cas désormais pour la quasi-totalité des Français, depuis le 1er janvier 2023. Cependant, ça ne signifie pas que, comme par magie, ils sont maintenant tous recyclés. Cette mesure a l'avantage d'être beaucoup plus pratique, plus besoin de se demander dans quelle poubelle va quel déchet, mais cela engendre une certaine confusion et amplifie, outre mesure, la dimension écologique du recyclage.

Je crois que rien ne m'énerve plus dans la vie que le greenwashing – lorsqu'une entreprise fait de la communication autour de son engagement écologique de façon exagérée, voire carrément trompeuse. Je le vis comme un doigt d'honneur qui m'est fait par les dirigeants de cette société, leur service marketing et leur agence de pub. Le recyclage est un magnifique argument utilisé – pour ne pas dire complètement dévoyé – par les marques afin de se verdir artificiellement, tout en continuant à nous vendre toujours plus de produits et d'emballages jetables. Mais encore faut-il s'en apercevoir, ce qui est loin d'être simple. Les cerveaux qui planchent sur ces messages pernicieux ont au moins le mérite d'être très doués. À tel point que le consommateur, dupé par le marketing, est tout particulièrement attentif à la recyclabilité d'un emballage[12].

12. 72 % des consommateurs placent la recyclabilité comme l'atout environnemental n° 1 d'un emballage, selon Citeo/Action Plus, « Étude Shopper 2020 : Quelle perception environnementale des emballages en période de crise sanitaire ? ».
https://www.citeo.com/le-mag/infographie-comment-les-consommateurs-percoivent-ils-les-emballages

Lors de la première réunion de travail pour cet ouvrage avec mes éditeurs, je me fais offrir un café à la machine du rez-de-chaussée. J'ai passé plus d'une heure dans les transports en commun, nous sommes début janvier, il fait froid et, même s'il est déjà 10 h 30, je ne suis pas encore complètement réveillé. Le gobelet tombe, retenu par les mâchoires de la machine, le café soluble est lâché dedans et l'eau chaude coule. Je récupère ma boisson et je remarque qu'il s'agit d'un gobelet en carton. De prime abord, il semble naturel de se féliciter de ne pas avoir du plastique dans la main, c'est quand même bien mieux vis-à-vis de ces pauvres tortues asphyxiées, par notre faute, dans les océans. Parfait exemple de greenwashing. Ce produit qui nous est suggéré habilement comme meilleur pour l'environnement – recyclable, naturel et une alternative au plastique – ne sera pas recyclé et, comme mon bol du déjeuner, il est recouvert d'une fine couche de plastique. À cause d'elle, même s'il est trié dans la bonne poubelle – ce qui ne fut d'ailleurs pas le cas ce matin-là –, il est tout à fait probable que ce déchet ne soit pas traité. Ce gobelet, vendu comme totalement recyclable, finira sa vie, comme son homologue de jadis tout en plastique, incinéré ou enfoui. La différence ici est que l'emballage en carton véhicule cet espoir, ce mythe d'une boucle infinie, il est une incitation à consommer toujours autant, voire plus : « Achetez mes gobelets jetables, il n'y a aucun problème avec eux, ils sont recyclables, faites-vous plaisir ! »

Avec tous ces travers, j'en oublierais presque que le recyclage reste quand même une bonne solution écologique. Heureusement que M. & Mme Recyclage me rappellent à l'ordre, juste avant de conclure notre discussion.

« Le recyclage permet d'éviter la production d'un nouvel emballage ainsi que la partie incinération, qui sont les deux moments les plus émetteurs en matière de gaz à effet de serre sur l'ensemble du cycle de vie du déchet. Mais la vraie solution tient en trois "R" : réduire, réutiliser, recycler. »

Moi qui autrefois étais un grand consommateur d'eau en bouteille, ne supportant pas l'eau du robinet, j'ai appliqué inconsciemment cette formule. J'ai cessé quasi complètement d'acheter des bouteilles en plastique, j'ai investi dans une gourde – une seule, pas cinquante –, et une carafe filtrante pour la maison. Quand elles seront en fin de vie, dans plusieurs années, viendra le temps de les recycler.

Des petits gestes aux tout petits bénéfices

On ne naît pas écologiste, on le devient. Loin d'être un disciple de Greta Thunberg, j'ai passé le plus clair de ma vie à faire des blagues lourdes, voire offensantes, sur les véganes (qu'ils me pardonnent !), à prendre l'avion et ne pas avoir de bac de tri chez moi. Je nageais tel un poisson dans l'océan du capitalisme, rêvant d'aller visiter le Costa Rica, et je voue une passion sans borne à la gastronomie française, avec ses plats viandards et généreux. Si je fais preuve d'une once de lucidité sur moi-même, je dois bien le confesser, je suis initialement l'exact opposé d'un écolo. Pourtant, il y a quelques lignes de cela, je vous annonçais avoir acheté une gourde et adopté un réflexe écoresponsable. Que s'est-il passé ? Est-ce que je souffre de schizophrénie ou ai-je été touché subitement par la lumière ? Ni l'un ni l'autre. Je n'ai pas connu un déclic, plutôt une prise de conscience lente, progressive, qui a débouché sur une expérience qui a littéralement bouleversé ma vie.

Pour des raisons professionnelles loin d'être passionnantes, et sur lesquelles je ne m'épancherai donc pas, j'ai dû m'intéresser aux enjeux écologiques, potasser les rapports du GIEC et interviewer des scientifiques spécialistes de ces questions. J'étais pris au piège, sans le savoir. Ce qui longtemps « m'en touchait une sans faire bouger l'autre » – pour reprendre une nouvelle expression de Jacques Chirac – commençait à infuser en moi, je prenais peu à peu la pleine mesure des dangers du réchauffement climatique que nous vivons et réalisais que nos modes de vie sont en inadéquation absolue avec ce qu'ils devraient être pour endiguer ce phénomène. Lors de ce processus d'« écologisation » personnelle, je suis tombé à plusieurs reprises sur deux nombres : dix et deux. Dix représente, en tonnes d'équivalent CO_2, l'empreinte carbone annuelle moyenne d'un Français, c'est-à-dire la totalité des gaz à effet de serre qu'il ou elle va émettre sur une année. Deux représente quant à lui l'objectif à atteindre, en 2050, afin de limiter le réchauffement climatique à maximum + 2 °C comparé à la période préindustrielle. En d'autres termes, nous n'avons pas d'autre choix que de diviser collectivement nos émissions de gaz à effet de serre par 5 afin de tenir – à peu près – nos objectifs climatiques pris avec l'Accord de Paris de 2015. L'effort à fournir paraît considérable, voire carrément impossible.

Ce défi vertigineux que nous devons toutes et tous relever est le point de départ de mon podcast *Super Green Me*, dans lequel je me donne six mois pour abaisser mon empreinte carbone à 2 tonnes de CO_2. Ma carafe filtrante a fait son apparition dans ma vie et mon foyer durant cette période, et je me suis également mis au compost. Pour faire baisser ses émissions de gaz à effet de serre, le premier réflexe naturel est de se tourner vers des actions simples, à sa portée, et dont nous entendons parler depuis des dizaines et des dizaines d'années : les « petits gestes pour la planète ». Éteindre les lumières quand on sort d'une pièce, fermer le robinet d'eau quand on se brosse les dents, faire pipi sous la douche… or, aussi surprenant que cela puisse paraître, je n'ai rien fait de toute cette liste.

Admettons que je veuille faire un régime pour perdre un peu de poids. Rien de bien ambitieux, seulement deux ou trois kilos. J'ai plusieurs actions possibles à mettre en place afin d'atteindre mon objectif : pratiquer du sport, manger moins, manger mieux, arrêter de boire de l'alcool… Le problème est que tout cela ne m'enchante pas vraiment. Je préfère la grasse matinée le week-end au footing, j'ai le bec sucré et également salé, ce qui fait que je ne me vois pas me passer du sain triptyque entrée-plat-dessert, une cuisine sans beurre ni crème n'est pas de la cuisine, et plutôt mourir dans d'atroces souffrances que renoncer à ma pinte de bière quotidienne après le travail qui me permet, l'espace d'un instant, d'oublier les tracas du bureau. C'est donc décidé, pour réaliser cette diète, je vais opter pour une politique des petits gestes, pas pour la planète, pour mon tour de taille. À partir de maintenant, et je l'annonce avec la plus grande fermeté, je cesse de prendre un sucre avec mon café du matin. C'est terminé. Les premiers jours sont rudes, les réveils sont amers, mais je m'accroche vaillamment.

Une année s'est écoulée, j'ai tenu bon, le résultat est impressionnant, j'ai évité d'ingurgiter 365 morceaux de sucre ! Vous imaginez si on les empile, la hauteur du machin, c'est dément. Avec une pointe d'anxiété et une certaine excitation, je pose mes pieds sur la balance pour découvrir combien de kilos de graisse ont disparu.

Je n'ai pas perdu un seul gramme. Merde.

Il en sera de même avec l'empreinte carbone. Dans la bataille contre le réchauffement climatique, les petits gestes du quotidien sont inefficaces. Composter ses déchets organiques permet d'éviter, en moyenne, l'émission de 11 kilos de CO_2 par an, éteindre ses appareils en veille, 6 kilos[13]. Si ces gains sont comparés à notre empreinte carbone globale, les fameuses 10 tonnes, le constat de l'insignifiance de ces gestes est flagrant.

Ces gestes minuscules, bien que stériles d'un point de vue climatique, peuvent même s'avérer néfastes dans certaines situations. Une personne, comme je l'étais il n'y a pas si longtemps encore,

13. Agence de la transition écologique (Ademe), « Impact CO_2 ».

pas ou peu informée sur l'écologie, pourrait utiliser ces efforts anodins pour se déculpabiliser. S'il faut se méfier du marketing et de la publicité, il faut aussi se méfier de nous-même et d'une éventuelle petite voix intérieure : « Tu as été un très bon élève cette année, très sérieux, bravo. Tu as bien trié tes déchets, tu as installé des ampoules LED partout dans la maison et avec ton pipi quotidien sous la douche tu as économisé 365 chasses d'eau… tu peux bien te récompenser en partant une semaine en vacances au Mexique, quand même ! »

Ces petits gestes auront permis d'économiser quelques dizaines de kilos de CO_2, tout au plus, quand le vol aller-retour Paris-Mexico va émettre près de 3 tonnes de gaz à effet de serre dans l'atmosphère, soit 50 % de plus que notre budget carbone annuel cible de 2050. L'avion est le meilleur moyen de ruiner tous ses efforts en un temps record. Les petits gestes brouillent ainsi notre perception de ce qui compte, ou pas, d'un point de vue climatique et environnemental. Nous mettons tout sur le même plan, comme si une mauvaise action pouvait être compensée par n'importe quel geste positif, nous faisant passer à côté de l'essentiel : les ordres de grandeur.

Pourtant, ce qui est terrible avec ce raisonnement, c'est qu'il se tient en soi, car tout dans notre société est basé sur le modèle de la récompense.

Il faut beaucoup travailler à l'école mais c'est pour avoir un bon travail, il faut beaucoup travailler au bureau mais c'est pour un gros salaire. Nous avançons à la carotte. Mais avec l'écologie, il n'y a pas de récompense ou, en tout cas, pas de récompense comparable à celles auxquelles nous sommes habitués et que nous glanons depuis notre naissance. Lutter contre le changement climatique, c'est moins émettre de gaz à effet de serre afin de limiter le réchauffement planétaire, c'est tout. Dans le genre récompense abstraite, on peut difficilement faire mieux.

Ces petits gestes doivent également cesser de nous permettre de nous définir en tant qu'écolo. C'est bien trop réducteur. Je ne tiens pas particulièrement à établir une définition de l'écolo qui serait consensuelle, un livre entier ne suffirait peut-être pas, mais j'estime qu'un écolo est une personne qui lutte, notamment, contre le réchauffement climatique. Et, à ce compte-là, avec le recyclage et les petits gestes du quotidien, nous sommes loin du compte.

Comment réduire efficacement son empreinte carbone ?

Ce n'est pas pour autant qu'il ne faut rien faire. Afin de se rendre compte de ce qui pollue réellement dans son mode de vie, et surtout à quel point, le passage obligé est le calcul de son empreinte carbone personnelle. Elle se mesure rapidement et simplement en ligne ; de nombreux sites proposent ce service, en revanche, tous ne se valent pas. Déjà, ceux qui monétisent cette démarche et proposent d'acheter des crédits carbone (sorte de permis de polluer, pour compenser ses émissions de gaz à effet de serre) sont exclus de mes recommandations. Faire de l'argent de la sorte me paraît déraisonnable et douteux quant à l'exactitude du résultat final. Après plusieurs recherches et essais de calculateurs, je vous conseille nosgestesclimat.fr, de l'Agence de la transition écologique (Ademe). Tout est pris en compte, les repas, les habits achetés, les heures passées sur Internet, les kilomètres effectués en voiture, le mode de chauffage de son habitation… absolument tout est scruté dans ce questionnaire qui dure une petite dizaine de minutes. Il a été conçu pour le grand public, accessible et pédagogique, et repose sur une base de données solide. Après une batterie de questions, le résultat tombe, l'empreinte carbone est affichée en tonnes de CO_2e, comprendre « équivalent » – tous les gaz à effet de serre sont réunis sous une seule et même métrique, celle du dioxyde de carbone, pour plus de clarté. Évidemment, comme tout dans la vie, ce calcul est perfectible, n'attendez pas un résultat précis au gramme près de CO_2, d'autant que l'essentiel n'est pas là. Et si jamais vous souhaitez aller plus loin, et que vous avez plus de temps devant vous, lancez-vous dans une conférence MyCO_2, dispensée par Carbone 4, le sérieux cabinet de conseil en stratégie climat. Elle dure une heure et demie et est réalisée en groupe, avec des moments d'échanges, de contextualisation sur le changement climatique ; un public averti y trouvera plus d'intérêt.

Ce « petit geste » peut sembler dérisoire dans la lutte contre le réchauffement climatique, bien moins important que trier un déchet ou économiser un peu d'électricité en éteignant une ampoule, et pourtant il est absolument primordial. Calculer son empreinte carbone va permettre de comprendre et assimiler tous les ordres de grandeur, de vous donner les clés pour vous prémunir du greenwashing, et même des connaissances précieuses pour éclairer l'électeur ou l'électrice que vous êtes. Ces ordres de grandeur sont la base d'une écologie scientifique, pragmatique, qui repose sur des faits et qui est la meilleure arme contre le réchauffement climatique. Voilà pourquoi je parle de passage obligé : le calcul de l'empreinte carbone me paraît indispensable pour préparer au mieux sa transition écologique. Dans mon « aventure »

Super Green Me, la connaissance de la quantité de gaz à effet de serre que j'émets chaque année a été fondamentale pour entreprendre une transition efficace, sans perdre d'énergie inutilement.

Se lancer à l'aveugle, c'est aussi s'exposer à une charge mentale, à des efforts potentiellement importants sur des postes contraignants pour, finalement, peu de bénéfices pour le climat. Je pense au zéro déchet, par exemple. Il est très pesant au quotidien, c'est une vigilance de tous les instants pour atteindre complètement cet objectif mais, d'un point de vue comptable, il n'a qu'un faible effet sur les gaz à effet de serre. Même si ce n'est pas le seul indicateur à prendre en compte, les bénéfices de la démarche me semblent modérés, voire faibles en comparaison de l'effort à fournir.

« T'es écolo mais t'as un iPhone ? Et le soja que tu manges là, il ne pollue pas peut-être ? » Ce genre de piques sont assez fréquentes lorsqu'on accomplit sa transition écologique et cela s'avère déstabilisant. Calculer son empreinte carbone facilite la réponse et apporte le sang-froid nécessaire pour affronter ses adversaires.

« Écoute, je ne mange plus de viande, je ne prends plus l'avion depuis des années et je n'ai pas de voiture, donc je suis assez tranquille avec ma conscience écologique. »

Et bim.

Il me semble important de l'indiquer aussi clairement que possible : un écolo n'est pas une personne qui ne pollue pas. L'absence de « pollution », au sens d'émission de gaz à effet de serre, est impossible. Rien qu'en respirant, nous rejetons du CO_2, mais la lutte contre le réchauffement climatique n'est pas une course contre la vie, contre le plaisir ou je ne sais quelle caricature. Non, la réponse à la crise climatique est une modification, en profondeur, de nos modes de vie afin qu'ils soient soutenables. Ce mot est d'une importance capitale. *Soutenable.* En 2050, et après, pour limiter le réchauffement climatique nous avons un « droit » à émettre du CO_2, de façon raisonnée, c'est-à-dire 2 tonnes maximum par personne et par an, ce n'est pas zéro. Nous n'allons pas arrêter de vivre, ni de bien vivre, nous allons le faire différemment.

Si le Français moyen faisait ce test, voici le résultat qu'il verrait apparaître :

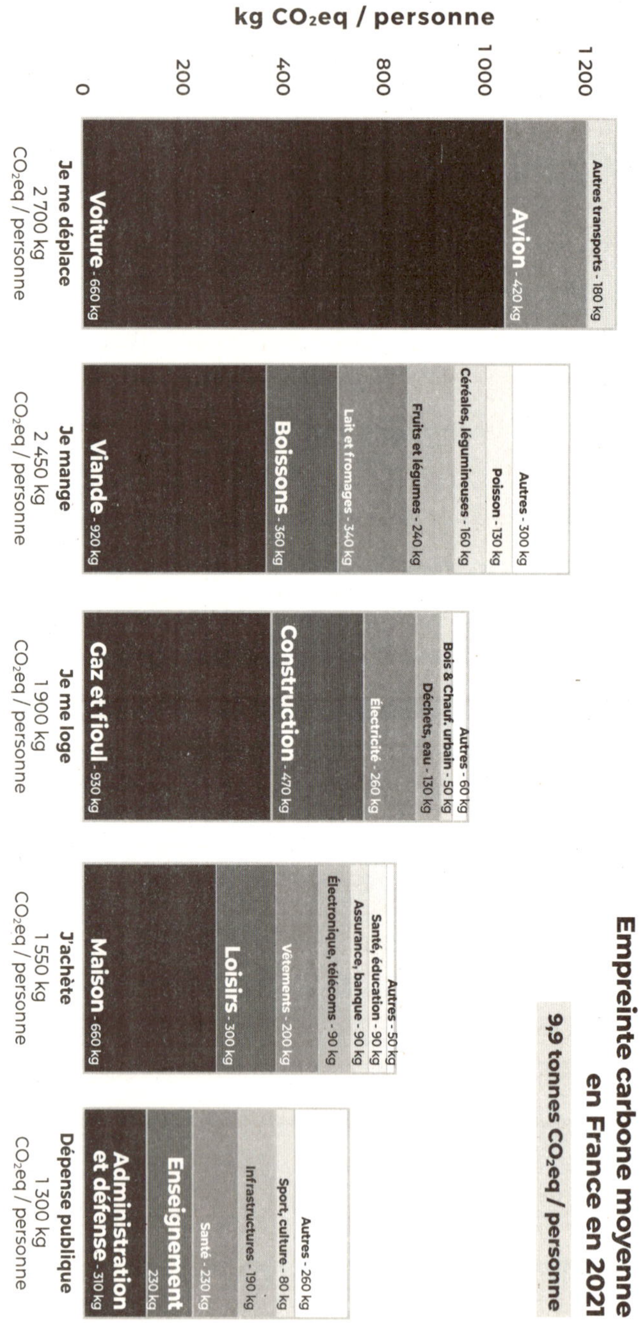

Gaz inclus : CO^2 (hors UTCATF France), CH4, N2O, HEC, SEO, PFC, H_2O (traînées de condensation).
Source : MyCO² par Carbone 4 d'après le ministère de la Transition écologique, le Haut Conseil pour le climat, le CITEPA, Agribalyse V3 et INCA 3.

L'empreinte carbone calculée, il reste à passer à l'action et se retrousser les manches. Même si ce Français moyen n'existe pas, ce graphique a le mérite d'exposer clairement quels sont les piliers de nos modes de vie qui sont les plus émetteurs de gaz à effet de serre. Et le plus lourd, ce sont les transports. Si ce secteur est très polluant, c'est parce que pour avancer et faire tourner les moteurs il faut brûler du pétrole (kérosène, essence, diesel…) et que cette combustion émet du CO_2 en grande quantité. Tout l'enjeu est de se passer de cette énergie fossile, à laquelle l'humanité est accro. En clair, pour atteindre nos objectifs climatiques, impossible de fermer les yeux sur l'usage de la voiture thermique et son impact colossal sur le changement climatique : rien qu'avec elle, l'objectif cible de 2 tonnes de CO_2 par an est dépassé. Les véhicules électriques peuvent être une bonne alternative, du moment que leur usage est raisonné et indispensable, car l'impact de leur production n'est pas négligeable. Une réflexion sur son usage personnel, ou à l'échelle du foyer, de la voiture est intéressante à avoir. Avons-nous réellement besoin d'un SUV chacun à la maison pour faire un trajet de 5 kilomètres pour aller travailler ? Est-ce qu'il ne serait pas possible d'y aller à pied, à vélo ou en transports en commun ? Peut-être qu'une seule voiture, petite et électrique, peut suffire pour un foyer… En considérant l'ensemble du cycle de vie d'une voiture électrique, en comparaison avec un véhicule thermique, elle se révèle bien plus « écologique », elle va émettre moins de gaz à effet de serre. Pour l'Agence internationale de l'énergie, l'électrification des transports – voitures, mais également bus et camions – va engendrer une réduction de la consommation d'au moins 5 millions de barils de pétrole par jour d'ici 2030, soit environ 2 millions de tonnes de CO_2 évitées quotidiennement[14].

Je l'ai rapidement évoqué précédemment, l'avion aussi, et parfois en un seul vol, consume notre budget carbone personnel à atteindre au plus tard en 2050. Paris-Athènes aller-retour : 748 kilos de CO_2 ; Paris-New York aller-retour : 1,8 tonne de CO_2 ; Paris-Brasília aller-retour : 2,6 tonnes de CO_2[15]. Certains avancent pourtant que la part de l'aviation dans les émissions de gaz à effet de serre à l'échelle planétaire est relativement faible, de l'ordre de quelques pourcents, mais ce raisonnement est biaisé. Une frange absolument minime de la population mondiale prend l'avion, voilà ce qui explique cette part modérée. Mais il faut bien le signifier, le trafic aérien, développé comme il l'est aujourd'hui, n'est pas compatible avec un monde qui respecte l'Accord de Paris sur le climat. C'est aussi simple que cela, malheureusement.

---

14. Selon l'AIE, un baril de pétrole émet environ 400 kilos de CO_2 à la combustion.
15. Ademe, « Impact CO_2 ».

Rien qu'avec les transports, la différence entre les petits gestes du quotidien et une action individuelle qui a du poids est flagrante. Entre faire pipi sous la douche et renoncer à sa voiture ou à prendre l'avion, il y a un monde. La bonne nouvelle est que, même s'il y a un chemin considérable à parcourir, des solutions agréables s'offrent à nous, c'est ce que j'ai découvert avec satisfaction en réalisant *Super Green Me*. Sur les voyages, ce n'est pas parce qu'il faut faire une croix sur l'aérien que l'écologie nous impose de renoncer à nos vacances. Loin de là. Le train, avec le TGV, est un mode de transport bas carbone, tout à fait soutenable, qui permet de visiter la France avec ses paysages sublimes, et qui offre l'opportunité de se rendre dans tous les pays d'Europe, voire au-delà.

La conception que j'avais du voyage s'en trouve quelque peu chamboulée : si je souhaite me rendre dans le sud de l'Italie, par exemple, au lieu de considérer que mes vacances débutent au moment où l'avion atterrit sur le tarmac de l'aéroport de Naples-Capodichino, elles commencent plutôt dès que mon train démarre sur les rails de la gare de Lyon. Je n'arriverai pas à destination en deux heures, je ferai une halte à Milan, j'y passerai la nuit avant de repartir pour descendre en Campanie. Et ce n'est pas si terrible, je vous assure – bien que beaucoup plus onéreux.

L'alimentation est le deuxième chantier à mettre en œuvre dans sa transition écologique, avec un ennemi clairement identifié : la viande. Elle représente près d'une tonne de CO_2 par an dans l'empreinte carbone moyenne d'un Français. À défaut de la faire totalement disparaître de nos régimes alimentaires – ce n'est d'ailleurs pas la question –, le sujet de la diminution de sa consommation s'impose. Sans prendre en compte les aspects relatifs à l'utilisation de l'eau, au bien-être animal, à l'occupation des terres agricoles et à notre propre santé, malgré tout cela, en se focalisant donc uniquement sur les gaz à effet de serre, la production de viande reste problématique. Sa pollution est principalement due aux rots des ruminants, qui émettent du méthane, un gaz qui contribue grandement au réchauffement climatique – il est trente fois plus puissant que le CO_2 –, ainsi qu'à l'alimentation des animaux. La viande de bœuf, de la famille des ruminants, émet logiquement plus de gaz à effet de serre que celle de porc ou de poulet. Une diminution de la viande rouge peut ainsi être, dans un premier temps, un geste efficace pour entamer une transition écologique alimentaire. J'en reviens aux ordres de grandeur, mais encore une fois ils sont évocateurs : un repas avec du bœuf va émettre 7 kilos de CO_2, contre 1,6 kilo de CO_2 avec du poulet et seulement 500 grammes pour un repas végétarien[16]. Limiter les produits d'origine animale, comme les laitages ou les œufs, permet également de réduire de façon significative son empreinte carbone – un repas végétalien ne pèse que 400 grammes de CO_2 en moyenne[17].

Le cliché offensant du « mangeur de graines » est totalement infondé, je m'en porte garant, pour avoir moi-même drastiquement réduit ma consommation de viande depuis *Super Green Me*. Modifier son régime alimentaire demande un réel effort, une profonde réflexion, du moment des courses jusqu'à la cuisine. Par réflexe et par habitude, mes assiettes étaient constamment composées de la même manière : la viande d'un côté, un accompagnement de l'autre. Cette dualité doit être brisée et il m'a fallu trouver un nouvel équilibre. Ce ne fut pas simple mais, après quelques semaines, c'était gagné. Et le végétarisme ne désenchante pas la gastronomie, c'est un amoureux de la bonne bouffe qui vous le dit. Il n'y a pas que la côte de bœuf et le poulet rôti dans la vie, même s'il est vrai que dans la gastronomie française la viande occupe une place fondamentale. Je me suis tourné vers d'autres territoires culinaires comme l'Inde, le Liban, Israël, mais je suis aussi resté très attaché à l'Italie, par exemple, qui propose, sans que l'on

16. Ademe, « Impact CO_2 ».
17. *Ibid.*

s'en rende compte, nombre de plats végétariens (pizza margherita, pâtes au pesto, parmigiana d'aubergines…).

« Et au niveau des protéines, comment tu fais ? T'es pas en carence ? » Ma mère s'est immédiatement inquiétée de mon changement de régime alimentaire. Non, maman, tout va bien. Les légumineuses (pois chiches, lentilles…) permettent un apport en protéines largement suffisant. Sans être un sportif de haut niveau, je pratique néanmoins du sport une ou deux fois par semaine, je suis en forme et en relative bonne santé. Toutefois, prendre conseil auprès d'un diététicien peut rassurer et faire en sorte que la transition se fasse dans les meilleures conditions.

Mon sevrage de la viande s'est étonnamment bien passé. J'imaginais qu'en bon viandard que j'étais j'allais me réveiller en pleine nuit avec des envies d'entrecôtes saignantes, que je ne pourrais plus passer devant une rôtisserie sans avoir envie de mettre fin à mes jours à cause de l'odeur enivrante des poulets rôtis tournants sur leur broche, mais rien de tout cela ne s'est produit. Je veux bien admettre cependant que la démarche ne soit pas aussi aisée pour tout le monde. Ainsi, pour les accros aux protéines animales, de fausses viandes font leur apparition dans les rayons des supermarchés. Des imitations végétales de saucisses, steaks hachés, bacon… Si leur goût n'est pas absolument identique au produit d'origine, ils s'en approchent honorablement et constituent un bon premier pas vers un régime alimentaire moins carné et une empreinte carbone personnelle plus faible : les viandes végétales ont, en moyenne, un impact environnemental 50 % moins élevé que la viande[18], la « vraie ».

Notre dépendance aux énergies fossiles ne s'arrête pas aux carburants qui font avancer voitures et avions, elle est présente jusque dans nos foyers. Les radiateurs qui chauffent mon appartement au moment même où j'écris ces lignes fonctionnent grâce à une chaudière à gaz, qui alimente tous les logements de mon immeuble. Peut-être que vous, à la lecture de ces mots, vous vous trouvez dans une pièce à la température agréable, chauffée par une chaudière au fioul. Les énergies fossiles noyautent nos habitations et représentent, en moyenne, plus d'une tonne de CO_2 par an et par personne. Afin de réduire l'empreinte carbone imputable à nos logements, le gros geste pour la planète est la rénovation énergétique. Isoler sa toiture, ses murs

18. Sergiy Smetana, Dusan Ristic, Daniel Pleissner, Hanna L. Tuomisto, Oleksii Parniakov et Volker Heinz, « Meat substitutes : Resource demands and environmental footprints », *Resources Conservation and Recycling*, vol. 190, mars 2023, 106831.
https://doi.org/10.1016/j.resconrec.2022.106831.

(par l'extérieur, de préférence), mettre du double vitrage et installer une pompe à chaleur sont autant d'investissements pertinents qui permettent de réduire sa facture énergétique, tout en diminuant substantiellement ses émissions de gaz à effet de serre. Baisser son thermostat, à 19 °C, est aussi une mesure performante qui a le mérite d'être immédiate.

Il reste un pan de nos modes de vie, potentiellement important pour certains et certaines, qui permet de grappiller encore quelques centaines de kilos de CO_2 : les achats. Je ne suis pas un fashionista, ni un immense consommateur de vêtements de *fast fashion*, mais je dois avouer que j'aime bien m'habiller, avoir de belles pièces, des tenues à la mode. C'est donc assez fébrile que je me suis penché sur l'impact de ce secteur. Le résultat m'a quelque peu soulagé. 6 kilos de CO_2 pour un T-shirt, 13 kilos de CO_2 pour une chemise ou une paire de chaussures… L'habillement est problématique quand les volumes sont conséquents. Si nous achetons de façon raisonnée, nous pouvons aisément limiter notre empreinte carbone.

Ce qui vient plomber cette catégorie « achats », ce sont plutôt les appareils électroménagers et numériques. Plus de 500 kilos de CO_2 en moyenne pour un lave-linge, plus de 400 pour un téléviseur ou un lave-vaisselle, ou encore 30 kilos de CO_2

pour un smartphone. Tous ces équipements doivent être gardés le plus longtemps possible, réparés en cas de panne et changés uniquement en cas de nécessité afin d'adopter des gestes réellement écoresponsables.

J'en arrive à la donnée frustrante concernant l'empreinte carbone : 15 % de celle-ci sont absolument hors de notre portée, il s'agit de la « dépense publique ». Cette catégorie regroupe les émissions de gaz à effet de serre de nos services publics, c'est-à-dire l'administration, la défense, la santé, etc. Pour arriver à ce chiffre élevé de 1,4 tonne de CO_2, les émissions de ce secteur sur le territoire national ont été divisées par le nombre d'habitants, ce qui donne une base commune à chacun et chacune d'entre nous. Rageant à première vue, car cela rend l'objectif des 2 tonnes encore lointain et ardu, mais tout à fait logique – quand je suis malade je vais dans un hôpital qu'il a fallu construire, qu'il faut chauffer et équiper, afin de me soigner dans les meilleures conditions possibles. Il en va de même pour les écoles, l'armée, etc.

Un jour, j'ai failli tout arrêter. C'était à la mi-janvier, il ne faisait ni très beau ni très chaud, depuis quelques jours je subissais une petite déprime hivernale. J'étais sous la douche, je ne voulais pas en sortir. L'eau chaude jaillissait avec puissance du pommeau, tapait le haut de mon crâne et ruisselait sur moi, formant un cocon où la crise climatique n'existait pas. Un peu plus de deux mois après le début de mon défi avec *Super Green Me*, je n'arrivais plus à me rappeler pourquoi je m'infligeais tout cela. Cette mise à l'épreuve de la sobriété, cette vie que je tentais tant bien que mal de mener, me paraissait complètement inutile, alors qu'en dehors de chez moi personne ne faisait rien pour arranger les choses. Des avions par milliers continuaient de décoller, des animaux par millions continuaient à être tués quotidiennement pour notre consommation, des barils de pétrole par millions continuaient à être extraits des sous-sols. Je me sentais terriblement seul et impuissant.

Cette transition écologique ne sera pas simple à mettre en œuvre, encore moins à tenir, je tiens à vous prévenir. Elle demande des changements de mode de vie conséquents et nous soumet à une dissonance cognitive désagréable. Pourquoi est-ce à moi d'agir ? Pourquoi ça ne serait pas plutôt aux plus gros pollueurs de commencer, comme les Chinois ou les Américains ?

Pour m'extirper de ma douche, il m'a fallu mobiliser le souvenir d'un ancien entretien, réalisé deux ans auparavant, avec une brillante climatologue, classée parmi les cent personnalités les plus influentes par le magazine américain *Time* en 2022.

Valérie Masson-Delmotte était alors coprésidente du groupe de travail n° 1 du GIEC, celui qui évalue les aspects scientifiques du système climatique et de l'évolution du climat. Pendant l'interview, elle m'expliquait avec une grande simplicité le fonctionnement du changement climatique : « On peut faire l'analogie avec une baignoire que l'on remplit, le robinet qui coule étant nos émissions de CO_2. Plus l'eau coule, plus le niveau de la baignoire monte. Ainsi, plus la concentration en dioxyde de carbone dans l'atmosphère augmente, plus le réchauffement s'accentue. »

Chaque tonne de CO_2 compte dans la bataille climatique. « C'est un phénomène cumulatif, les émissions de gaz à effet de serre passées, actuelles et à venir vont déterminer l'ampleur du réchauffement futur. »

Chaque action significative compte, et tant pis si mon voisin ne fait rien, car chaque tonne évitée permet de limiter, d'une fraction de degré, le changement climatique. Chaque dixième de degré de réchauffement en moins, ce sont des conséquences de la crise en moins, des sécheresses, des canicules, des espèces sauvées…

L'action individuelle compte, d'autant qu'une transition écologique personnelle est un combat de longue haleine, qui va bouleverser au-delà de sa petite personne. En me lançant dans *Super Green Me*, j'imaginais faire mes affaires dans mon coin, sans déranger personne, mais deux ans plus tard je réalise avec satisfaction que cette expérience a contribué autour de moi à faire émerger une nouvelle norme sociale. Au sein de mon foyer, dans ma famille, chez mes amis. Nos avis, nos regards et nos consommations ont évolué concernant la viande, les transports, les achats. Ne surtout pas sous-estimer l'influence que peut avoir l'action.

Oui, les Américains et les Chinois doivent agir – si seule la France bouge, les effets seront marginaux – mais si notre pays prend des mesures ambitieuses afin d'atteindre sa neutralité carbone, notre soft power touchera de nombreuses autres nations. Et la France a une responsabilité non négligeable dans le réchauffement climatique, qui la pousse moralement à consentir à des efforts : elle est le huitième pays dans le monde qui a émis le plus de CO_2 depuis le début de la révolution industrielle[19] et les émissions françaises sont supérieures à la moyenne mondiale – l'empreinte carbone moyenne est d'environ 6,5 tonnes –, soit en dehors des objectifs pour atteindre la neutralité carbone en 2050. Nous ne sommes pas de bons élèves climatiques, nous faisons même partie des cancres.

19. Hannah Ritchie, Max Roser et Pablo Rosado, « CO_2 and Greenhouse Gas Emissions », 2023, publié en ligne : https://ourworldindata.org/co2-and-greenhouse-gas-emissions.

Les limites de l'action individuelle

Je n'ai eu aucun problème pour assumer ma transition écologique. Que ce soit ma compagne, mes parents, mes amis, mes collègues, toutes et tous l'ont accueillie avec bienveillance, compréhension et même parfois une pointe d'admiration. Être écolo me fait capter du bénéfice social ; si j'achète un vêtement de seconde main, je vais être félicité, on va me demander s'il vient de Vinted ou d'une friperie ; si je renonce à l'avion pour le train, je deviens le héros qui a passé plus de dix heures sur les rails et qui n'a pas résisté à la tentation de la rapidité offerte par l'avion.

Si je me transpose dans un milieu social différent et que je fais ces choix non pas uniquement par motivation environnementale mais surtout par impératif financier, les réactions risquent d'être diamétralement différentes. Ce n'est pas « cool » d'acheter de la seconde main quand on n'a pas les moyens pour du neuf. Le regard d'autrui est ici un réel frein à la transition écologique qu'il ne faut pas minimiser. Et comment blâmer une personne qui souhaite s'extirper de sa condition sociale, vivre « mieux », même si cela signifie polluer plus ?

Dans toutes les pistes pour réduire son empreinte carbone que je viens de recenser, n'y voyez surtout aucune injonction. Certaines vous paraîtront injustes, irréalisables, énervantes, et c'est normal. Moi par exemple, j'ai pu jouer, à mon niveau, sur mon alimentation en réduisant drastiquement ma consommation de viande. Au commencement de mon défi, j'ai identifié cette démarche comme la plus accessible et la plus bénéfique au regard du gain carbone qu'elle pouvait générer. Durant les six mois de cette aventure, je ne me suis autorisé qu'un seul « repas de viande » par mois.

Vivre dans une grande ville, à Paris en l'occurrence, est une chance au regard des transports du quotidien. Je n'ai pas besoin d'utiliser ni de posséder une voiture, le réseau de transports en commun étant bien développé. Je me suis également permis le luxe de ne pas prendre l'avion – et je dis bien le « luxe », car vu le prix des billets de train pour partir en vacances, je peux très facilement admettre que ce ne soit pas possible pour bon nombre de personnes, quand des compagnies aériennes low cost proposent des allers-retours à 20, 30 ou 40 euros pour aller visiter le Portugal ou les îles Baléares. Ces prix, martelés par les publicités, nous exposent à des injonctions contradictoires qui complexifient cette transition écologique.

En revanche, pour mon logement, ça a coincé. Je vis dans un appartement très mal isolé, les fenêtres sont en simple vitrage, et cette passoire thermique est chauffée au gaz, une énergie fossile très polluante. En tant que locataire, j'ai très peu de marges de manœuvre, pour ne pas dire que je ne peux absolument rien faire, si ce n'est attendre que ma propriétaire daigne réaliser une rénovation énergétique de son bien immobilier. Or, toutes ces pistes de décarbonation proposées sur l'alimentation, les transports, les achats et le logement, pour nous conduire à la neutralité carbone, doivent être applicables par la quasi-totalité de la population. Nous touchons ici du doigt les limites de l'action individuelle : tout le monde ne peut pas agir à son niveau sur chacun des grands piliers émetteurs de gaz à effet de serre. Moi, c'est le logement qui pose principalement un problème, mais pour une autre personne, vivant dans une ville plus petite, qui doit se rendre sur son lieu de travail qui se situe à 20 kilomètres de chez elle, ce sera la voiture, s'il n'y a pas un réseau de transports en commun fonctionnels à sa disposition. Si le réseau de bus est médiocre ou inexistant et que cette personne n'est pas aidée financièrement pour se séparer de son véhicule thermique pour acquérir une voiture électrique plus propre, elle n'a absolument aucun moyen de baisser de façon réaliste l'empreinte carbone de ses trajets. Je précise « réaliste » car il serait toujours possible de lui demander de se déplacer à pied.

L'action individuelle est entravée par un nombre considérable d'obstacles, qui ne peuvent être levés que par les pouvoirs publics : aide à l'achat d'un véhicule électrique, aménagement de pistes cyclables, aide à la rénovation énergétique, développement des transports en commun, instauration de repas végétariens en cantine scolaire… Mettre dos à dos les « écogestes » et l'action collective, politique, n'a pas de sens ; il faut les deux – et les deux collaborent, sont complémentaires – pour répondre aux enjeux qui nous font face dans la crise climatique que nous vivons. Dans une tribune publiée dans le journal *Le Monde* en 2022, Yamina Saheb, autrice principale au GIEC, est formelle : « Réduire la sobriété énergétique aux changements de comportement des individus serait une erreur fatale. »

D'autant que même en poussant tous les curseurs de l'action individuelle au maximum, nous n'arriverons pas à atteindre la neutralité carbone. Impossible d'arriver aux 2 tonnes en agissant seul. C'est ce que démontre l'étude « Faire sa part ? », du cabinet Carbone 4. Chacun peut réduire environ de moitié son empreinte carbone, mais l'autre moitié, nous n'avons pas la main dessus. « L'enjeu climatique est d'ordre systémique : il dépasse largement la sphère individuelle. Nous sommes tout bonnement limités par le "système", c'est-à-dire l'environnement social et technique dont nous avons hérité, bâti sur la promesse d'une énergie fossile bon marché et illimitée[20] », peut-on lire dans l'étude. Les pouvoirs publics doivent faire leur part, afin de baisser l'empreinte carbone de la base commune, de faciliter les transitions personnelles des Françaises et des Français, et instaurer un cadre législatif qui fera agir les entreprises, qui ne doivent absolument pas être exemptées d'efforts.

Comment faire preuve de sobriété dans une société de consommation de masse ? La sobriété doit démarrer du côté de la production. Le secteur privé ne peut inverser les rôles et culpabiliser les consommateurs alors que ses pratiques sont climaticides.

Par ailleurs, j'ai longtemps imaginé que l'argent déposé sur mon compte dormait sagement à la banque, attendant dans un coffre que je me serve de ma carte bleue. Outre cette croyance, je n'y portais guère d'intérêt, tant que ceux de mon livret A tombaient bien tous les 1er janvier. La réalité financière est un tantinet différente. L'argent des particuliers, le mien, le vôtre, est utilisé par les établissements bancaires afin de soutenir et financer les projets de ses clients, d'un autre profil que les particuliers. Rien d'anormal,

---

20. Carbone 4, César Dugast et Alexia Soyeux, « Faire sa part ? », juin 2019. https://www.carbone4.com/publication-faire-sa-part.

mais problématique pour le climat. Les banques européennes ont versé 1 331 milliards de dollars aux industriels des énergies fossiles depuis la signature de l'Accord de Paris, en décembre 2015[21]. Mon argent – contre ma volonté, du moins sans mon accord explicite – a financé du charbon, du gaz et du pétrole, et a contribué au réchauffement climatique, sans pour autant alourdir mon empreinte carbone. C'est ce que nous pourrions considérer comme un trou dans la raquette. Les sources indirectes d'émissions de gaz à effet de serre ne sont pas prises en compte, alors qu'elles sont loin d'être négligeables.

Pour pallier cet écueil, la journaliste américaine Emma Pattee a théorisé ce qu'elle appelle « l'ombre climatique ». Ce concept a pour vocation d'englober plus de paramètres afin d'avoir une meilleure prise en compte de l'impact de chacun sur le climat.

Sur le papier, un scientifique, auteur du GIEC, qui doit prendre l'avion pour sensibiliser sur le réchauffement climatique et participer à la rédaction d'un rapport à l'aura internationale a un bilan carbone nettement supérieur à un employé d'une agence de pub, qui fait des campagnes de greenwashing pour les géants pétroliers et de

21. « Banking on Climate Chaos : Fossil Fuel Finance Report », 2023.
https://www.bankingonclimatechaos.org.

l'aviation, touchant des dizaines de millions de personnes, mais qui se rend au bureau à vélo et qui est végétarien. Or, leur influence écologique est radicalement différente. « Imaginez si Greta Thunberg avait décidé de consacrer toute son énergie à faire attention à sa consommation d'eau et se passer des produits laitiers au lieu de créer sa grève pour le climat », insiste la journaliste américaine. Attention à ne pas être aveuglé par les chiffres.

Petits gestes et culpabilisation, à qui la faute ?

Si Emma Pattee a développé l'ombre climatique, c'est aussi pour s'attaquer à l'une des plus grandes firmes pétrolières au monde : British Petroleum. Au début des années 2000, la major pétrolière se dote d'un nouveau logo, sorte de rosace jaune et verte qui rappelle des éléments naturels comme le soleil ou un tournesol, ainsi que d'un nouveau slogan, « Beyond petroleum » (« au-delà du pétrole »). BP se soucie de l'environnement, devient *green* et agit pour un futur meilleur. Enfin, c'est ce qu'ils prétendent. Cet artifice marketing s'accompagne d'une importante campagne de publicité pour promouvoir le concept d'empreinte carbone. À première vue, cela peut paraître étrange mais, oui, c'est bien BP qui a popularisé ce concept (de l'argent qui me semble plutôt mal investi car il s'est retourné contre eux, en permettant au grand public de se familiariser avec les ordres de grandeur et de constater que les majors pétrolières sont une immense partie du problème). L'objectif de la manœuvre n'était pas d'opérer une transition radicale dans leurs activités et de s'incriminer en raison des millions de tonnes de CO_2 qu'ils émettaient, mais bien de diluer leur responsabilité en pointant du doigt les consommateurs et les citoyens. S'ils vendent du pétrole et du gaz naturel – « naturel », ça fait joli, bucolique, inoffensif, mais c'est du gaz fossile, très polluant –, ce n'est pas parce qu'ils sont méchants, non messieurs dames, c'est parce que vous êtes des salauds d'irresponsables qui ne faites pas attention à la planète ! Fallait oser.

Mais ce ne sont pas les seuls à avoir tenté le coup. En 2021, le géant français Total devient TotalEnergies, une entreprise qui incarne la transition énergétique, ne se limitant plus au seul pétrole, et qui participe pleinement « à l'effort collectif nécessaire à la création d'un monde plus durable », comme indiqué sur la page d'accueil de son site Internet, sous une photo d'un père et sa fille de dos, regardant au loin un champ d'éoliennes pendant que le soleil se couche à l'horizon. Pour trouver que la moitié de ses investissements sur la période 2022-2025 va être dédiée « au maintien du socle de son activité pétrolière », il faut fouiller un petit peu plus, en revanche. Et notez que la notion d'« effort collectif » implique tout de même qu'ils ne doivent pas être les seuls à être obligés de cravacher, vous aussi.

Dans les spots télévisés, même tonalité, aucun champ pétrolier n'est filmé, la caméra se concentre sur les bornes de recharge électrique, les éoliennes, les panneaux solaires et, aussi, sur les interrupteurs à la maison. La célèbre campagne « C'est pas Versailles ici ! » fait l'apologie des petits gestes. Un père de famille excédé passe derrière tout le monde chez lui pour éteindre les lumières et débrancher les appareils encore en marche alors qu'ils ne sont plus utilisés. Total souhaite se montrer à l'écoute des comportements et des efforts des Françaises et des Français, qui sont de plus en plus attentifs à leur consommation énergétique. Il y a dans cette publicité un aspect quasiment documentaire : nous ne vous demandons pas de fournir des efforts, regardez, vous les faites déjà, et bravo d'ailleurs, c'est super, et au fait, si vous payez une blinde votre facture ce n'est pas parce que les prix sont trop chers (d'ailleurs ce n'est pas notre faute), c'est parce que la lumière dans la salle de bains est restée allumée alors que madame est sortie depuis dix minutes déjà. Ce message, financier de prime abord, peut également être interprété avec un prisme environnemental.

Heureusement que le 24 mai 2022, aux alentours de 9 heures, alors que je prenais mon petit déjeuner, je n'écoutais pas la radio. Je serais très probablement tombé de ma chaise tout en m'étouffant avec mon café. Ce matin-là, Agnès Pannier-Runacher, ministre de la Transition énergétique, est invitée sur RMC et BFM TV. Elle explique être « du côté de l'écologie des solutions, pas de l'écologie des illusions ». Et d'ajouter : « Tous, Français, on a envie de faire ces gestes pour sauver la planète et, parfois, on n'a pas forcément les bons réflexes. On va fermer *(sic)* la lumière en pensant qu'on a fait de grosses économies d'énergie et on va envoyer derrière un mail un peu rigolo à nos amis avec une pièce jointe, et on aura consommé beaucoup plus d'énergie. Donc c'est aussi ces petits gestes qu'il faut accompagner. »

Bon, avant de critiquer, allons regarder. Ma boîte mail pèse actuellement 3,58 gigaoctets, elle contient plus de 2 000 mails dont un certain nombre avec des pièces jointes. Suis-je un mauvais écolo ? Sans surprise, non : l'ensemble de courriels n'émettent que 0,0008 kilos de CO_2 par an[22]. Autant dire que pour sauver la planète en supprimant ses mails, il faut se lever de bonne heure.

Je ne peux pas imaginer un seul instant qu'une ministre – bien qu'elle ne soit en poste que depuis quatre jours – soit incompétente à ce point.

22. Ademe, « Impact CO_2 ».

Il s'agit, avec cette sortie, d'une stratégie délibérée de culpabilisation, alors que de possibles restrictions énergétiques commencent à pointer le bout de leur nez pour l'hiver qui arrive, à cause notamment du conflit ukrainien et de la mise à l'arrêt de nombreux de nos réacteurs nucléaires. Agnès Pannier-Runacher aurait pu évoquer l'intérêt de baisser le thermostat du chauffage, mais c'était trop tôt, trop polémique, la communication du col roulé arrivera dans un second temps – et il faudra une guerre pour ça. Elle aurait pu mentionner le poids carbone de la voiture individuelle ou celui de l'avion, la ministre s'est contentée des e-mails. Pourtant, elle a bien un avis sur l'aéronautique. Quelques semaines plus tard, cette fois-ci invitée sur France Inter et questionnée sur les jets privés, Agnès Pannier-Runacher lâche : « C'est clairement un problème qui est très limité en termes d'impact climatique et donc que les écologistes en fassent un combat montre à quel point ils sont à côté de la plaque. » À côté de la plaque, oui, c'est ça, sachant qu'en une heure de vol un jet privé peut émettre 2 tonnes de CO_2[23]. En cinq heures,

23. Andrew Murphy et Valentin Simon, « Private jets : can the super-rich supercharge zero-emission aviation ? », *Transport & Environment*, avril 2021.
https://www.transportenvironment.org/wp-content/uploads/2021/05/202209_private_jets_FINAL_with_addendum.pdf

l'avion aura donc émis autant de gaz à effet de serre dans l'atmosphère qu'un Français moyen en une année.

En 1973, déjà, cette stratégie de la responsabilisation citoyenne par les petits gestes est employée. Le contexte est néanmoins un peu différent, le monde vit son premier choc pétrolier. Le président Pompidou s'adresse aux Françaises et aux Français, le 20 décembre, dans une allocution télévisée : « Je fais appel à cette vertu traditionnelle, paraît-il, du peuple français, qui est l'esprit d'économie. Économisons l'essence, économisons l'électricité, économisons le chauffage... et cela seul suffira à diminuer notre consommation et, par là même, à parer à quelques difficultés d'importation et aussi à atténuer les effets sur la hausse des prix et sur notre commerce extérieur. Que tous les Français veuillent bien en pareille matière aider l'action gouvernementale, et mon Dieu nous arriverons bien, je l'espère, à surmonter les difficultés. » Aux grands maux les grands remèdes, tout le monde doit mettre la main à la pâte en ces temps difficiles. Un mois auparavant, le Premier ministre annonçait tout un tas de mesures exceptionnelles, comme la limitation de la vitesse à 90 km/h sur les routes et à 120 km/h sur les autoroutes ; la limitation du trafic aérien ; l'interdiction entre 22 heures et 7 heures du matin de la publicité lumineuse, de l'éclairage des vitrines des magasins, des illuminations des monuments publics et des bureaux inoccupés[24] – je réalise, au passage, que les demandes des écolos, vilipendées par certains aujourd'hui, ne relevaient que du bon sens cinquante ans plus tôt. Ce sera ensuite « toute publicité sous quelque forme que ce soit de nature à favoriser l'accroissement de la consommation d'énergie[25] » qui sera interdite. De nombreuses campagnes de sensibilisation seront mises en place, et c'est ainsi que le fameux slogan « On n'a pas de pétrole mais on a des idées » est créé.

Sur le moment, ces mesures décidées par le gouvernement et cet appel aux petits gestes n'ont qu'un objectif, celui d'obtenir des résultats conséquents et rapides, pas de culpabiliser pour détourner l'attention. C'est petit à petit que ces messages vont être dévoyés pour en arriver à des manœuvres de communication désastreuses sur les mails.

J'ai exhumé des limbes de la plate-forme vidéo Dailymotion une archive improbable. Vingt-neuf

24. Allocution de Pierre Messmer, Premier ministre, le 30 novembre 1973.
25. Yves Bouvier, « Du civisme économique à la citoyenneté globale : mises en discours et mises en images des politiques d'économie et de maîtrise de l'énergie depuis 1973 », *Pour mémoire*, n° 15, 2015, p. 10-25.

secondes savoureuses d'une publicité du gouvernement[26] avec Fabrice Luchini, datée de 2001, dont je n'avais absolument aucun souvenir, bien que j'aie probablement dû la voir à la télévision. L'acteur est habillé tout en noir – chemise et veste de costume –, filmé en plan poitrine sur un fond noir et il tient une ampoule dans sa main droite. Avec son phrasé si particulier, il s'adresse au téléspectateur en le regardant dans les yeux : « Cette petite boule de verre détient des pouvoirs hallucinants. Elle est capable d'empêcher la neige de tomber. Comment ? En inondant l'atmosphère de CO_2. Ce serait triste que la neige ne tombe plus, vous ne pensez pas ? Il y a une solution : utiliser des ampoules basse consommation. En plus vous mettrez de l'argent de côté. » Quatre autres spots sur le téléviseur, le robinet, les radiateurs et la voiture tournent sur France 2 et France 3. Tous les gestes sont mis sur le même plan, comme si tous les bénéfices tirés de ces actions étaient égaux. Vous l'aurez compris, je l'espère, tout cela est bien évidemment faux. Investir dans des ampoules basse consommation est infiniment moins efficace que de baisser la température de son chauffage de 1 °C en hiver ou de rouler moins vite sur la route, voire carrément se passer de sa voiture.

26. Campagne lancée par les ministères de l'Environnement, de l'Économie et des Finances et par l'Ademe.

Il faut cependant dire que notre cerveau ne nous aide pas à y voir clair. Déjouer ces pièges relève véritablement de la performance de haut niveau, tant les faits peuvent être contre-intuitifs.

Connaissez-vous le *plogging* ? Cette activité consiste à ramasser des déchets tout en faisant sa course à pied. Un hobby tout à fait louable sur le papier mais qui, dans certaines situations, est contestable. Alors que je scrollais sur Instagram, la photo d'une ancienne Miss France, suivie par des centaines de milliers de personnes, est apparue sur mon téléphone – je tairai le nom de cette personne, ce n'est pas une attaque ciblée, nous avons toutes et tous commis des erreurs, appris de celles-ci et je reviens de tellement loin que je suis mal placé pour faire la morale à qui que ce soit. C'est un selfie pris sur une plage mexicaine, où elle pose avec des déchets plastique dans la main, la mine fière du devoir accompli. L'ancienne Miss France sait pertinemment que cette séance de sport sur le littoral ne va pas sauver le monde, mais elle est satisfaite d'avoir contribué à nettoyer un peu cet endroit paradisiaque. Nous sommes ici dans l'illustration parfaite de la capacité qu'a notre cerveau de nous jouer des tours. Nous allons nous focaliser sur la pollution visible, en revanche, nous allons complètement occulter l'invisible, pourtant largement supérieure et bien plus néfaste. L'empreinte carbone de ce plogging, si je me limite aux émissions de gaz à effet de serre du vol aller-retour transatlantique, est d'environ 3 tonnes d'équivalent CO_2. À ce compte-là, il vaut mieux prendre le TGV pour Marseille ou Biarritz, pour aller jeter un mégot et une bouteille sur la plage, vous aurez fait moins de mal à l'environnement.

Si les ordres de grandeur étaient « visibles », le monde irait mieux. À défaut, nous nous raccrochons à ce que nous pouvons voir. Que l'on ramasse le déchet plastique ou non, nous savons que nous avons la capacité de le faire, nous pouvons nous rendre utile. La pollution est visible, tout comme la récompense. Et même si ça n'éradique pas tout le plastique qui gît dans la nature, une plage entière peut être nettoyée, un sentier, une parcelle… Le changement est flagrant. Prendre le vélo plutôt que la voiture ? Le train plutôt que l'avion ? Les gains pour le climat sont trop abstraits. Les agences de pub, les communicants et les politiques ont bien identifié ce handicap cognitif, nous berner est tellement facile.

Le dernier « coupable » est le plus délicat à aborder, il s'agit de Pierre Rabhi – du moins l'interprétation qui est faite de sa pensée. S'il y en a bien un qui a popularisé les petits gestes, qui en a fait le symbole ultime de l'écologie, c'est cet écrivain/penseur/philosophe/paysan, avec notamment son Mouvement Colibris. Il était de son vivant le chouchou des médias et, à quasiment chacune de ses interventions à la radio ou sur les plateaux de télévision, il rappelait, calme et empreint de sagesse, une fable amérindienne sur laquelle est basée son essai *La Part du colibri* : « Un jour, dit la légende, il y eut un immense incendie de forêt. Tous les animaux terrifiés et atterrés observaient, impuissants, le désastre. Seul le colibri s'activait, allant chercher quelques gouttes d'eau dans son bec pour les jeter sur le feu. Au bout d'un moment, le tatou, agacé par ses agissements dérisoires, lui dit : "Colibri ! Tu n'es pas fou ? Ce n'est pas avec ces gouttes d'eau que tu vas éteindre le feu !" Et le colibri lui répondit : "Je le sais, mais je fais ma part."[27] »

Les colibris apportent des gouttes d'eau sur l'incendie en vain depuis plus de quinze ans, véhiculant une vision spirituelle, littéraire, et assez éloignée de la science de l'écologie. Au-delà des controverses autour du personnage – Pierre Rabhi était en réalité loin d'être un grand agronome et il fut adepte de l'anthroposophie, un mouvement aux dérives sectaires[28] –, je comprends la pensée

27. Pierre Rabhi, *La Part du colibri. L'espèce humaine face à son devenir*, éditions de l'Aube, 2006.
28. Jean-Baptiste Malet, « Le système Pierre Rabhi », *Le Monde diplomatique*, août 2018.

du bonhomme. Cependant, disons qu'elle a, au mieux, été mal interprétée – l'ambition de base n'était pas de nuire à l'action écologique, je présume.

En septembre 2023, Emmanuel Macron est interviewé en direct sur TikTok et YouTube par Hugo Travers de la chaîne HugoDécrypte. Après avoir estimé qu'arrêter de prendre l'avion n'était pas une solution pour le climat – « C'est pas mon truc » –, le président de la République annonce sa volonté que chaque élève de sixième plante un arbre. Il se fait reprendre dans la foulée par le jeune journaliste, qui lui indique que ce n'est pas cela qui permettra à la France de tenir ses engagements climatiques. Hugo Travers ajoute, intelligemment, que toutes les actions ne se valent pas, et qu'en l'occurrence s'attaquer à l'aviation serait plus judicieux. Emmanuel Macron proteste et lâche, amusé : « Moi aussi je fais ma part du colibri. »

Le Président se moque ouvertement de nous mais son utilisation du concept véhiculé par Pierre Rabhi est parlante. Elle est la même que pour grand nombre d'entre nous, qui ne sommes pas rentrés dans les complexités de la comptabilité carbone des gestes écologiques.

Toutefois, le cofondateur du Mouvement Colibris, Cyril Dion, s'est défendu d'avoir promu des actions insignifiantes pour le climat dans une interview au journal *Nice-Matin*[29] : « Je n'ai jamais plaidé pour les petits gestes. Avec le Mouvement Colibris, l'idée était de dire : "Chacun fait sa part", qu'on soit chef d'entreprise ou président de l'Union européenne. Que chacun d'entre nous fasse tout ce qu'il peut, de là où il est, sans attendre que quelqu'un d'autre le fasse à sa place. » Visiblement, le message n'est pas passé.

Je le répète une dernière fois – ceci est probablement un mensonge –, il faut dissocier les petits gestes de l'action individuelle. L'action individuelle a du sens, elle est importante, primordiale bien qu'insuffisante, mais comme au judo il faut mettre le poids du corps au bon endroit. Nous colibris devons comprendre que le réchauffement climatique implique des changements structurels et conséquents de nos modes de vie (repenser complètement notre façon de nous déplacer, de nous alimenter, de nous loger…), et non pas des changements à la marge.

29. Aurélie Selvi, « "La crise écologique va être de plus en plus douloureuse et va pousser les gens à réagir de façon plus puissante" Le réalisateur Cyril Dion partage sa vision face à l'urgence climatique », *Nice-Matin*, 7 mai 2023.

Chapitre 3

Le nucléaire et les énergies renouvelables ne sont pas des ennemis

L'écologie, dans le débat médiatique et politique, a longtemps été réduite à ce qui s'apparente à un référendum : pour ou contre le nucléaire. Je schématise mais, si vous êtes écolos ou à gauche, vous êtes contre, à droite, vous y êtes favorables. Et vous êtes évidemment invités à vociférer sur le camp d'en face. Une opposition stérile sur un sujet pourtant central, le secteur de l'énergie ayant émis 36,8 milliards de tonnes de CO_2 en 2022[30]. Surtout, il n'y aura pas de transition écologique sans transition énergétique. Il est temps d'y voir plus clair.

30. IEA (Agence internationale de l'énergie), « Global Energy Transitions Stocktake », 2023.
https://www.iea.org/topics/global-energy-transitions-stocktake

Les énergies renouvelables sont-elles « propres » ?

Je formule volontairement la question ainsi pour d'abord préciser que « propre » – au même titre que « vert », par exemple – ne veut rien dire. C'est une formulation trop vague qui ne recouvre aucune vérité scientifique. En soi, rien n'est propre, tout a un impact, mais le souci n'est pas là.

Les énergies renouvelables sont-elles, alors, bas carbone, faiblement émettrices de CO_2 ? Voyez plutôt :

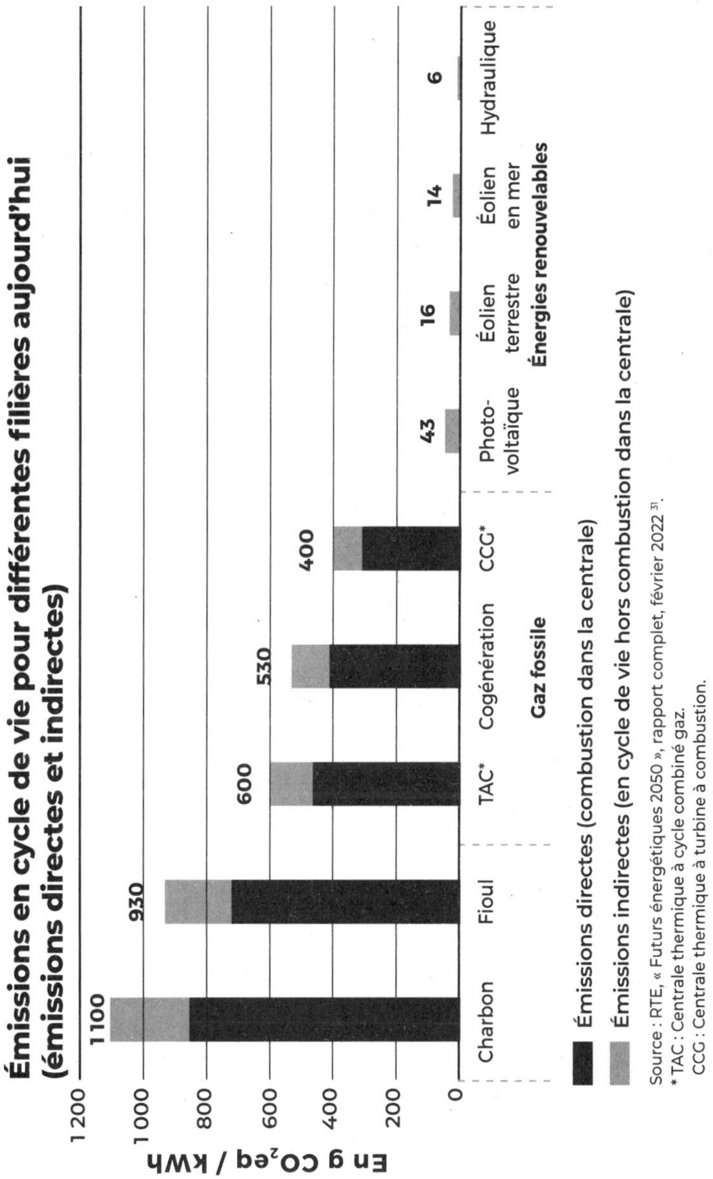

31. Téléchargeable sur le site de RTE : https://www.rte-france.com/analyses-tendances-et-prospectives/bilan-previsionnel-2050-futurs-energetiques#Lesresultatsdeletude

Il est question ici d'émissions de gaz à effet de serre qui prennent en compte l'entièreté du cycle de vie pour les différentes filières. Cela signifie que la construction des panneaux solaires, en Chine ou en Allemagne par exemple, est prise en compte, tout comme l'extraction des minerais, etc.

Et le constat saute aux yeux : oui, les énergies renouvelables sont bas carbone. Elles n'en restent pas moins imparfaites (incidence de l'hydraulique sur la biodiversité, intermittence – quand il n'y a pas de vent ni de soleil, elles ne produisent pas d'électricité –, emprise au sol du solaire…). Cependant, dans la lutte contre les énergies fossiles, elles sont une arme absolument indispensable.

Peut-on se passer complètement des énergies renouvelables ?

Non.

La réponse à cette question est tellement incontestable que j'aurais très bien pu m'arrêter là, mais je vais développer un petit peu.

L'idée de recourir massivement au nucléaire en dépit des énergies renouvelables est notamment portée par le Rassemblement national et Reconquête !, le parti d'Éric Zemmour. La droite est plus mesurée, bien que pro-atome.

« L'objectif, c'est qu'il n'y ait plus d'éoliennes », déclarait Marine Le Pen le 15 novembre 2021 sur France Info, « cette énergie qui n'est pas propre » alors que le « nucléaire est une énergie sûre, abondante, propre, que nous maîtrisons ». Pour l'ancien chroniqueur de Laurent Ruquier, qui a obtenu 7 % des voix lors du premier tour de l'élection présidentielle de 2022, « les éoliennes sont une catastrophe ». La demi-mesure n'était pas de mise ce 23 septembre 2021 sur BFM TV.

Pourtant, selon RTE, le gestionnaire du réseau de transport d'électricité français – dont l'expertise fait référence –, il est impossible d'atteindre la neutralité carbone et de se passer de l'éolien, du photovoltaïque et de l'hydraulique[32]. « Quand nous disons qu'on ne pourra pas atteindre nos objectifs climatiques sans développer les énergies renouvelables, ce n'est pas une posture politique, c'est le résultat des équations », argumente Thomas Veyrenc, directeur exécutif de RTE, dans une interview donnée au journal *Ouest-France*. Se reposer exclusivement ou très fortement sur le nucléaire est impossible, de l'aveu même des acteurs industriels du secteur.

L'objectif est clair : se passer le plus rapidement possible des énergies fossiles. Chaque éolienne

32. RTE, « Futurs énergétiques 2050 », 2021.

qui tourne, chaque panneau solaire qui capte des photons permet ainsi d'éviter de brûler du gaz, du pétrole ou du charbon.

Une énergie bas carbone déployable (relativement) rapidement

Impossible de se passer des énergies renouvelables car, en plus d'émettre très peu de gaz à effet de serre, elles sont constructibles dans des temps assez resserrés. Il faut compter entre sept et neuf ans pour l'aboutissement d'un projet éolien[33].

Ce n'est pas énorme, notamment comparé à d'autres sources de production d'énergie, bien qu'en France ce soit tout de même plus long qu'ailleurs. En Allemagne, il faut compter trois à quatre ans. Des mesures de simplification ont été prises afin de réduire les procédures administratives et raccourcir ce délai.

Est-ce que le nucléaire pollue ?

Au même titre que les énergies renouvelables, le nucléaire est considéré comme bas carbone.

---

33. Ministère de la Transition écologique, « Plan de libération des énergies renouvelables. Conclusions du groupe de travail "éolien" », 18 janvier 2018. https://www.ecologie.gouv.fr/sites/default/files/DP_Groupe_Travail_eolien_2018.pdf

Émissions en cycle de vie pour différentes filières aujourd'hui (émissions directes et indirectes)

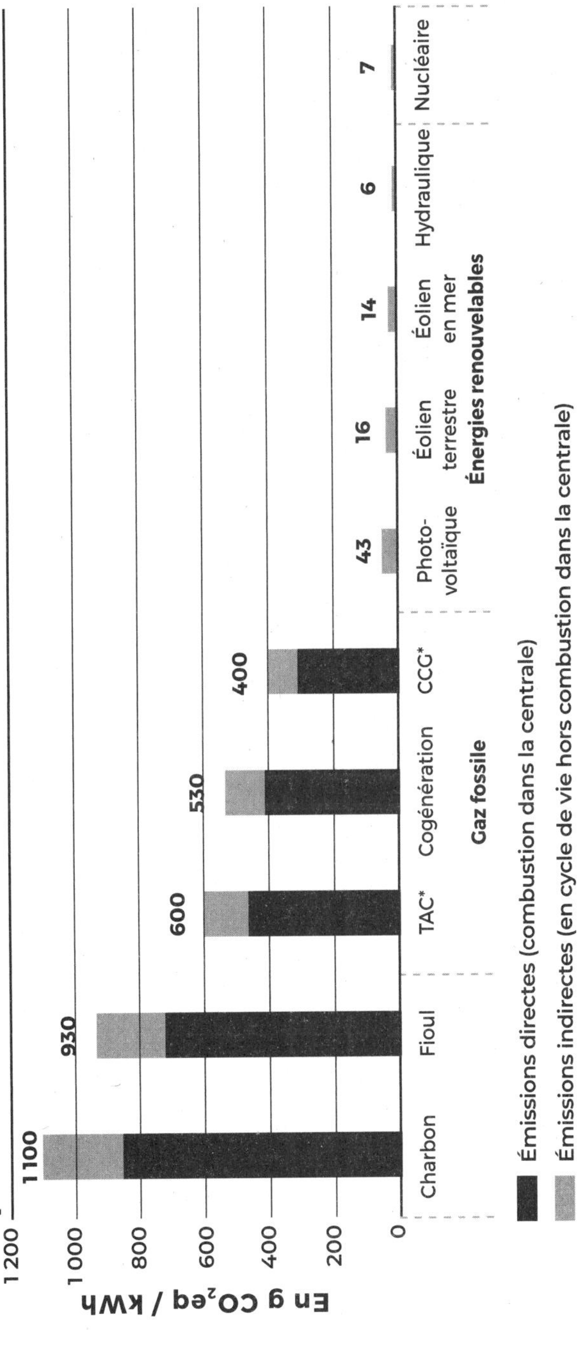

Source : RTE, « Futurs énergétiques 2050 », rapport complet, février 2022.
* TAC : Centrale thermique à cycle combiné gaz.
CCG : Centrale thermique à turbine à combustion.

Même si mathématiquement le nucléaire émet deux fois moins de CO_2 que l'éolien et six fois moins que le photovoltaïque, il ne faut pas pour autant considérer les renouvelables comme des énergies polluantes – ni le nucléaire comme la solution miracle à tous nos problèmes. La comparaison doit être effectuée entre les sources bas carbone et les énergies fossiles.

La scientifique Valérie Masson-Delmotte rappelait[34] que « la priorité, dans les prochaines décennies [...] est de sortir le plus rapidement de l'utilisation des énergies fossiles [...]. Pour cela, le nucléaire est l'un des leviers d'action ». L'enjeu étant de réussir à combiner toutes les options positives que sont l'atome et les renouvelables.

Lorsqu'on parle de « pollution », il n'est pas uniquement question d'émission de gaz à effet de serre, le terme recouvre également les notions de radioactivité et les déchets. Nous y reviendrons.

Peut-on se passer complètement du nucléaire ?

Ça a beau ne pas émettre beaucoup de gaz à effet de serre, si nous pouvait éviter qu'une centrale nous « pète à la gueule », ce serait fortement appréciable,

34. Twitter, 13 juillet 2023.

n'est-ce pas ? Alors oui, techniquement, il est possible de se passer du nucléaire d'ici une trentaine d'années et d'atteindre la neutralité carbone, mais le défi est conséquent. Cela « implique des rythmes de développement des énergies renouvelables plus rapides que ceux des pays européens les plus dynamiques[35] », prévient RTE. Concrètement, cela signifie par exemple que le parc de panneaux solaires doit être multiplié par 21, et celui des éoliennes terrestres, par 4 d'ici à 2050.

Il faut ajouter au défi industriel le sujet de l'acceptabilité. S'il y a des antinucléaires, il y a également des antirenouvelables. Des collectifs antiéoliennes se sont montés à peu près partout en France, dès lors que l'idée d'un projet naissait. « Ça ne sert à rien de vouloir sauver la planète si c'est pour ne pas garder la beauté pour nos yeux », disait Éric Zemmour en 2021 sur CNews. Une ligne défendue aussi par le Rassemblement national.

Au-delà de l'aspect esthétique, il y a des considérations économiques à prendre en compte, comme celle des pêcheurs qui estiment que les éoliennes en mer affectent leur activité. Miser sur un tel scénario suppose ainsi d'arriver à mettre en place un contexte politique et sociétal

35. RTE, « Futurs énergétiques 2050 », principaux résultats, octobre 2021.

largement favorable sur ces points qui représentent aujourd'hui un blocage.

L'exemple de l'Allemagne, qui a fait le choix de bannir le nucléaire, permet de mesurer l'ampleur du défi. Même si la part des énergies renouvelables dans son mix électrique est importante, celle des énergies fossiles est non négligeable. En 2022, face aux pénuries de gaz en provenance de la Russie, des centrales à charbon ont même été relancées. Et l'objectif de toutes les fermer d'ici 2030 est jugé irréaliste par le ministre allemand des Finances[36].

Peut-on être écolo et favorable au nucléaire ?

Historiquement, le nucléaire est l'ennemi public n° 1 de l'écologie. L'ONG de défense de l'environnement et de la biodiversité Greenpeace est tout simplement née, en 1971, pour lutter contre le nucléaire – militaire à l'origine, avant de s'opposer également à son utilisation civile. Sa position sur la question n'a pas bougé d'un iota

36. Christian Lindner, dans une interview : Thorsten Breitkopf, Carsten Fiedler, Sarah Brasack, Christian Hümmeler et Gerhard Voogt, « Mein Auftrag ist es nicht, der spendable Onkel am Kabinettstisch zu sein » (« Mon travail n'est pas d'être l'oncle généreux à la table du Cabinet »), *Kölner Stadt-Anzeiger*, 31 octobre 2023.

en plus de cinquante années d'existence : il s'agit d'une énergie trop dangereuse, il faut en sortir.

Les représentants politiques de l'écologie, Les Verts, sont eux aussi historiquement sur la même ligne et sont soudés autour du combat contre l'énergie atomique. « Le refus du nucléaire militaire et l'engagement en faveur de la sortie du nucléaire civil » sont deux valeurs inscrites dans les statuts du parti « écolo ». Une résolution, d'avril 2023, adoptée par le Conseil fédéral d'Europe Écologie-Les Verts rappelle cette décision et fait également mention des « dangers inhérents à cette technologie ». Pour le grand public, dont j'ai très longtemps fait partie avant de me spécialiser sur les sujets environnementaux, il n'y a pas de débat : le nucléaire n'est pas écologique. Point.

L'argument du nucléaire comme énergie bas carbone et alliée de la transition prend toutefois de plus en plus de place dans le débat public. Jean-Marc Jancovici – médiatique ingénieur, professeur à l'École des mines, président du think tank The Shift Project et pronucléaire notoire – a largement contribué à l'éclosion d'une vision écologiste et favorable à l'atome. « Janco » a su séduire un large public sensible à la question climatique avec son approche pragmatique et mathématique, d'autant que pour les plus jeunes, qui n'ont pas connu Tchernobyl, il est plus aisé d'adopter cette posture. Un courant de pensée qui fait des émules auprès des sympathisants EELV, dont certains – parmi lesquels des personnes assez influentes sur les réseaux sociaux – demandent au parti d'évoluer sur la question[37].

Et il n'y a pas qu'en France que la posture hégémonique d'une écologie antinucléaire est bousculée. Accompagnée par des militants de Pologne, de Suède, de Finlande, des Pays-Bas et de France, une jeune militante suédoise, Ia Aanstoot, a lancé en 2023 une campagne intitulée « Dear Greenpeace ». L'adolescente de 18 ans, qui participe aux grèves de l'école le vendredi initiées par sa compatriote Greta Thunberg, implore l'ONG d'abandonner son « opposition démodée et non scientifique à l'énergie nucléaire » et de la rejoindre « dans la lutte contre les énergies fossiles » au nom de l'urgence climatique. Et cet appel n'est pas désinvolte, l'objectif est de se lancer dans une bataille judiciaire contre Greenpeace.

La construction des centrales nucléaires est-elle trop lente pour lutter efficacement contre le changement climatique ?

Le nucléaire est lent à déployer, plus que l'éolien ou le photovoltaïque. Les opposants à

37. Mathieu Dejean, « Sur le nucléaire, le consensus se fissure chez les écologistes », Mediapart, 28 septembre 2023.

l'atome aiment citer le GIEC qui, en 2019, notait que « le délai actuel entre la décision et la mise en service des centrales est de dix à dix-neuf ans[38] », en omettant de préciser que le groupe d'experts explique, dans le même paragraphe de son rapport (!), que ce déploiement est « contraint par l'acceptabilité sociale » (alors qu'ils participent à ériger l'opinion publique contre le nucléaire) et que « l'évaluation comparative montre que les risques pour la santé sont faibles par unité de production » ; je vous en parle dans les pages suivantes. Mais bon, si on commence à citer correctement le GIEC, on ne va pas s'en sortir...

Même si ce rapport est instrumentalisé, il n'en demeure pas moins vrai qu'il faut compter une ou deux décennies pour qu'un réacteur puisse fonctionner. Avant 2035 au moins, et les EPR nouvelle génération, aucune centrale n'entrera en service en France (en dehors de l'EPR de Flamanville). Pour autant, le problème du réchauffement climatique ne s'arrête ni en 2035,

38. GIEC, « Réchauffement planétaire de 1,5 °C. Rapport spécial du GIEC sur les conséquences d'un réchauffement planétaire de 1,5 °C par rapport aux niveaux préindustriels et les trajectoires associées d'émissions mondiales de gaz à effet de serre, dans le contexte du renforcement de la parade mondiale au changement climatique, du développement durable et de la lutte contre la pauvreté », 2019.
https://www.ipcc.ch/site/assets/uploads/sites/2/2019/09/IPCC-Special-Report-1.5-SPM_fr.pdf

ni en 2050. Atteindre la neutralité carbone – et la conserver – va demander de produire de l'électricité faiblement carbonée *ad vitam aeternam*, surtout que nos usages vont massivement s'électrifier (chauffage, transports...) et que, même avec de la sobriété et de l'efficacité énergétique, notre consommation électrique va sensiblement augmenter. Surtout, les nouveaux réacteurs vont venir remplacer les actuels, qui seront arrêtés dans les années 2050-2060, au plus tard.

Allons-nous manquer d'électricité dans une dizaine d'années ?

Et ces nouveaux réacteurs ne seront pas suffisants. Permettez-moi de vous présenter l'effet falaise.

La France a bâti l'essentiel de son parc nucléaire à une vitesse inconcevable aujourd'hui, entre la fin des années 1970 et le début des années 1980. Si les mises en service des centrales se sont réalisées en même temps, cela signifie qu'il en sera de même pour leurs fermetures. Celles-ci seront très rapprochées et vont intervenir dans un avenir relativement proche. À leur conception, ces réacteurs avaient une durée de vie de quarante ans. Leur départ à la retraite est retardé mais ne pourra pas l'être éternellement, ils ne pourront pas fonctionner plus de soixante ans, sauf rare exception. Notre production électrique risque donc de chuter brutalement vers 2035, créant ce fameux effet falaise.

Je vais vous faire une confidence, je n'en avais jamais entendu parler. Et je ne suis visiblement pas le seul, comme le note RTE : « Cette perspective de fermeture constitue parfois un impensé du débat énergétique français au niveau médiatique, où beaucoup de discussions prennent pour fondement la possibilité de pérenniser sur le long terme l'équilibre actuel du parc électrique[39]. » Mais il n'en est rien ! Si une stratégie n'est pas mise en place rapidement, nous pourrions nous retrouver dans une dizaine d'années soit à brûler massivement du charbon, du gaz ou du pétrole pour compenser cette perte – ce qui serait une catastrophe d'un point de vue climatique – soit, tout simplement, à manquer d'électricité.

Afin que ces deux options funestes ne se réalisent pas, RTE suggère de maintenir en fonctionnement les réacteurs nucléaires et de développer les énergies renouvelables, deux mesures politiques indispensables. Mais le gestionnaire du réseau français mesure la gravité de la situation : « Ces choix apparaissent d'une ampleur similaire à ceux réalisés lors des chocs pétroliers dans les années 1970. »

39. RTE, « Futurs énergétiques 2050 », principaux résultats, octobre 2021.

Le nucléaire, une énergie bas carbone… mais terrifiante

Certes, le nucléaire est une énergie qui émet très peu de gaz à effet de serre, dont nous allons avoir du mal à nous passer rapidement. Toutefois, avant de savoir tout cela, être antinucléaire, ce n'était ni plus ni moins que du bon sens pour moi. Les accidents de Tchernobyl et Fukushima, les bombes sur Hiroshima et Nagasaki… Le nucléaire était synonyme de morts, par milliers, de radiations causant des cancers, des malformations, des souffrances terribles, des terres inhabitables pendant des décennies, des déchets polluants, une substance instable et dangereuse que nous continuions à exploiter pour produire de l'électricité, sans que j'en comprenne la raison tellement cette matière me semblait dangereuse. L'atome m'effrayait.

Bien que né près de dix ans après la catastrophe de Tchernobyl, d'une façon étrange, j'en partageais le traumatisme. Je me sentais indigné par le fameux nuage radioactif qui s'était « arrêté à la frontière ». L'émotion et la résonance médiatique de l'accident de Tchernobyl, près de trente ans plus tard, sont encore importantes. Le spectre de la catastrophe continue d'être agité par les écologistes antinucléaires mais la série télé *Chernobyl*, sortie en 2019, aussi géniale et encensée par la critique qu'angoissante, a terminé de façonner ma crainte vis-à-vis du nucléaire. Les compteurs Geiger s'affolent, l'atmosphère est lourde, il y a du feu, de la fumée, du stress, des pleurs, des cris. La radioactivité se propage tel un virus, tuant tour à tour les personnages principaux dans d'atroces souffrances (désolé pour le spoiler). *Chernobyl* est d'un réalisme époustouflant.

Quelle est cette épaisse fumée blanche qui sort des centrales nucléaires ?

Sans aller jusque dans l'horreur d'une catastrophe, les émanations des tours des centrales ne me rassuraient guère non plus. Est-ce dangereux pour ma santé ? Est-ce que « ça pollue » ? Je suis natif du sud-est de la France et il m'arrive fréquemment de passer en voiture sur l'autoroute qui longe la centrale de Tricastin.

Bien que protégé dans l'habitacle, l'enfant que j'étais n'osait pourtant pas trop respirer, ne faisant qu'une inspiration sur deux ou trois, juste au cas où. La centrale dépassée de quelques dizaines de mètres, je surventilais pour retrouver une oxygénation normale.

Cette angoisse juvénile s'est peu à peu estompée mais, même une fois arrivé à l'âge adulte, j'ignorais toujours ce qu'était *exactement* cette fumée. Je n'avais, en somme, aucune idée de la manière dont fonctionne une centrale nucléaire. J'imaginais une sorte de réaction instable, dangereuse, « radioactive » – quoi que cela puisse réellement signifier – qui dégageait une importante quantité d'électricité et qui nécessitait ces cheminées en forme d'hyperboloïde pour évacuer des gaz toxiques et polluants. Cette ignorance est aussi probablement l'un des moteurs de ma peur.

J'avais tout faux. C'est en visitant le site du Bugey, près de Lyon, que j'ai enfin compris qu'il ne s'agissait que de vapeur d'eau. Si je schématise, voici ce qui se passe : dans le réacteur nucléaire, la fission des atomes d'uranium dégage de la chaleur, en grande quantité, ce qui va générer de la vapeur, celle-ci va faire tourner une immense turbine et c'est ainsi que l'électricité est produite. Les grandes tours, appelées aéroréfrigérants, font partie du circuit de refroidissement de la centrale. Elles ne rejettent ni plus ni moins que de l'eau. Et ce gaz n'est pas radioactif, il n'est jamais en contact direct avec le cœur du réacteur. Ça pollue autant que quand je fais cuire des pâtes.

Est-ce qu'un Tchernobyl français peut avoir lieu ?

Ce scénario est « peu envisageable » selon l'Autorité de sûreté du nucléaire (ASN) – sorte de « gendarme du nucléaire », unanimement reconnu pour son sérieux, y compris par les antinucléaires. Les réacteurs français, d'une technologie plus sûre, ne sont pas les mêmes que ceux présents dans la centrale de l'ex-URSS. Leur conception fait que, en cas d'emballement de la réaction en chaîne, le réacteur va s'éteindre naturellement. Un effet stabilisant que ne possédait pas Tchernobyl, c'est pour cela qu'elle a explosé.

Par ailleurs, les réacteurs de la centrale ukrainienne ne comportaient que « deux "barrières" visant à faire obstacle aux rejets d'éléments radioactifs dans l'atmosphère, alors que les réacteurs français en comprennent trois, la troisième étant l'enceinte de confinement en béton qui est là pour retenir les produits radioactifs libérés lors d'un accident grave[40] », comme le précise l'ASN.

Une fusion du combustible – c'est ce qui s'est produit lors de l'accident de Fukushima – est plus à craindre, en revanche. Même à l'arrêt, avec la chaleur emmagasinée, le cœur du réacteur est encore très chaud et il faut le refroidir en permanence. Si l'arrivée d'eau ne se fait plus, il fond.

40. https://www.asn.fr/l-asn-informe/situations-d-urgence/questions-reponses/incident-accident

Quels sont les véritables risques du nucléaire ?

S'il est peu probable que nous revivions une catastrophe comme celle de Tchernobyl, que pourrait-il néanmoins se passer ? Dès le tout début de notre entretien, Tristan Kamin, ingénieur en sûreté nucléaire, est très clair : le risque zéro n'existe pas. Je me suis entretenu avec lui pour confronter mes spéculations à son expertise, me demandant si, à l'instar des petits gestes ou de la rengaine des générations futures, nous n'aurions pas été induits en erreur sur le nucléaire. Fantasmons-nous son potentiel cataclysmique ?

« Un site nucléaire est un site industriel, ce qui fait que l'on y retrouve tous les risques que l'on peut avoir dans les autres industries : bactériologiques, chimiques, incendies, explosions… tous les risques traditionnels. »

Ce n'est pas nécessairement une bonne nouvelle mais, non, les centrales nucléaires ne possèdent pas le monopole du risque. L'explosion de l'usine AZF, en 2001 à Toulouse, ou plus récemment l'incendie de l'usine Lubrizol, à Rouen, en 2019, nous le rappellent. Au total, près de 1 300 établissements Seveso – présentant des risques d'accidents majeurs – ont été recensés en

France en 2022[41], dont près de 700 dits « seuil haut », ceux comportant le plus de risques.

« Mais ce qui va crisper le plus pour les centrales nucléaires, c'est le risque radiologique. » *Crisper*, oui, c'est le mot. « Le principal risque est une dispersion de matières radioactives dans l'environnement, exposant donc les populations et les écosystèmes. Les personnes peuvent être exposées de deux manières : avec le rayonnement que produisent ces matières si elles sont dispersées sur les sols ou dans l'air, par exemple, ou alors avec une exposition interne par ingestion ou inhalation de particules qui émettent les rayonnements. On parle respectivement d'irradiation et de contamination. »

Nous y voilà. Et deux questions me viennent immédiatement à l'esprit : même si nous avons vu que l'hypothèse d'un « Tchernobyl à la française » ne se tient pas : quelle est la probabilité qu'un accident grave se produise en France, et quelles en seraient les conséquences sanitaires ? « Tout est fait pour que plus un événement que l'on redoute est grave, moins il soit probable. »

En France, le dernier accident – et le plus gros jamais connu dans le pays – remonte à 1980, avec la fusion partielle du cœur dans la centrale

---

41. Données du ministère de la Transition écologique et de la Cohésion des territoires.

de Saint-Laurent-des-Eaux. Cet événement a été classé 4 sur l'échelle internationale des événements nucléaires et radiologiques (INES) – le niveau le plus élevé étant 7 comme pour Fukushima ou Tchernobyl –, ce qui signifie qu'il n'a pas entraîné de risque important à l'extérieur du site. Et depuis le début du nucléaire civil en France, il n'y a eu aucun mort lié à un accident nucléaire (il y a eu des décès sur des chantiers de centrales, par exemple).

Plus de quarante ans sans grave problème, certes, mais ce n'est en rien l'assurance d'un futur exempt de catastrophe. Et dans ce cas-là, si des matières radioactives s'échappent de la centrale, que se passe-t-il ? Entre un Jean-Marc Jancovici qui assure que « manger un Kinder Bueno » est plus dangereux qu'habiter à proximité d'une centrale, et Greenpeace pour qui le nucléaire est un danger absolu, où se situe la vérité ? Allons-nous toutes et tous périr ?

Non, comme me l'explique Christophe Quintin, inspecteur en chef de l'ASN : « Le nucléaire fait tellement peur qu'on surpondère le risque radiologique. »

Qu'est-ce que cela signifie ? Déjà, que la question est éminemment complexe. Entre les radiations, la contamination, les rayonnements, les différentes unités de mesure que sont le sievert, le becquerel et le gray, nous n'y comprenons absolument rien, autant être honnête. J'ai même passé près de trente ans sans savoir comment fonctionne une centrale ! Nous partons donc du principe que la radioactivité est néfaste. Mais nous nous plantons royalement. Il s'agit d'abord d'un phénomène naturel – l'eau, la terre et même notre corps sont radioactifs. Ensuite, il y a de la radioactivité artificielle, qui peut être nocive mais qui possède les mêmes propriétés que la naturelle. Lorsque vous allez passer une radio, vous êtes exposés à des radiations dites artificielles, pour autant, vous ne ressortez pas du cabinet avec un troisième bras ou un cancer – si vous n'en aviez pas en arrivant, bien entendu. Tout va donc dépendre de la quantité d'exposition et la science a établi des seuils, dont certains au-delà desquels il y a des risques avérés pour notre santé. C'est technique, mais fondamental :

– Nous, Françaises et Français, recevons une dose annuelle moyenne d'environ 4,5 millisieverts (cela comprend la radioactivité naturelle et artificielle)[42] ;

– À partir d'une exposition à 10 mSv, une mise à l'abri des populations est préconisée en cas d'accident nucléaire ;

---

42. Données de l'Institut de radioprotection et de sûreté nucléaire (IRSN).
https://www.irsn.fr/foire-questions/faq-radioprotection-lhomme

– Au-delà de 50 mSv, une évacuation est recommandée ;

– À partir de 100 mSv/an, il y a, à long terme, une augmentation du risque de cancers, qui a été démontrée par des études épidémiologiques. Dans une note de l'UNSCEAR (Comité scientifique des Nations unies pour l'étude des effets des rayonnements ionisants) sur Fukushima, il est précisé que pour cette dose « le risque de cancer sur la durée de vie serait estimé à 1,3 %, en plus du risque habituel préexistant de 35 % d'apparition d'un cancer dans une population japonaise non exposée » ;

– 300 mSv/an : limite maximale autorisée pour une intervention de secours ;

– 1 000 mSv : les risques pour la santé sont accrus. Christophe Quintin m'explique que, « intégrée sur la durée de vie d'une personne, cette exposition correspond à un accroissement du risque de cancer de 5 % ». Ces maladies peuvent ainsi se déclarer des mois ou des années plus tard, sans pour autant que cela soit systématique. Toutefois, « à partir de ce niveau de dose, les rayonnements ionisants commencent à détruire la moelle osseuse. Ils atteignent les cellules souches et entraînent une diminution des plaquettes sanguines et des globules blancs », d'après l'IRSN, un des deux organismes de la sûreté nucléaire française avec l'ASN ;

– 6 000 mSv : un œdème cérébral apparaît dans les mois qui suivent l'exposition, entraînant la mort[43] ;

– 10 000 mSv : avec cette dose, vous mourez rapidement d'une hémorragie interne[44].

Avec le nucléaire, il n'y a en réalité que peu de risques aigus, même si, entendons-nous bien, une augmentation du risque de cancer n'est en rien une bonne chose. Par ailleurs, même s'il n'y a pas de preuve solide aujourd'hui que de faibles doses – inférieures à 100 mSv – aient des effets à long terme sur la santé humaine, des programmes de recherche scientifiques sont en cours.

Maintenant que nous avons ces seuils, quelle pourrait être l'intensité de la radioactivité pour la population en cas d'accident nucléaire ? Le niveau de 100 mSv/an, à partir duquel il y a des constatations médicales d'augmentation du risque de cancer, serait-il atteint ? « S'il y avait des populations exposées à ces niveaux-là, ce serait vraiment marginal », estime Christophe Quintin.

Une note technique de l'IRSN[45] fournit des ordres de grandeur pour les doses qui seraient reçues par

43. Données du Commissariat à l'énergie atomique.

44. *Ibid.*

45. IRSN, « CODIR-PA : présentation de deux scénarios d'accident affectant une centrale nucléaire française », 2007. https://inis.iaea.org/collection/NCLCollectionStore/_Public/44/026/44026250.pdf

les personnes vivant près du lieu de l'accident. Au cours du passage du panache radioactif, elles seraient de l'ordre de 36 mSv pour quelqu'un qui se trouverait – sans aucune protection – à un kilomètre de la centrale, pour tomber à 2 mSv à 5 kilomètres. Il ne s'agit donc que de faibles doses, bien que les données dans ce document ne soient que des prévisions à manier avec précaution. Et à cela, l'IRSN ajoute environ 20 mSv reçus la première année.

Je me permets ici une petite parenthèse, pour mettre en parallèle les choses. Le Français qui a reçu le plus de radiations dans sa vie, vous le connaissez très probablement et vous ne le traitez pas comme un pestiféré, par peur d'être irradié. Si vous le pouviez, vous seriez même peut-être enthousiaste à l'idée de lui serrer la main. Il s'agit de Thomas Pesquet. Avec le rayonnement cosmique, l'astronaute a reçu environ 1 mSv par jour dans l'espace et il en a passé près de quatre cents à bord de la Station spatiale internationale.

Attention toutefois, ces chiffres en cas d'accident ne sont que des ordres de grandeur et ne doivent en aucun cas minimiser la gravité d'une potentielle catastrophe, y compris sur la santé humaine. En cas de rejet radioactif, nous avons un organe très sensible qu'il faut impérativement protéger : la thyroïde. Par chance, il existe un moyen très simple.

« Vous prenez de l'iode stable, vous êtes tranquille pendant au moins vingt-quatre heures. Et, de toute façon, on ne garderait pas les gens autour d'une installation qui a des rejets pendant plus d'une journée », affirme Christophe Quintin.

En situation d'urgence, nous pouvons donc nous prémunir de tout risque de cancer de la thyroïde, à condition d'avoir de l'iode chez soi. L'inspecteur en chef de l'ASN déplore un taux de retrait des cachets de seulement 25 % pour les populations concernées (les personnes vivant à proximité des centrales nucléaires). « Il y a deux types de population : l'une qui considère que les centrales sont sûres et qu'on n'aura jamais de problème, ce sont des personnes qui ont un excès d'optimisme. À l'inverse, il y a des gens qui ont une mauvaise perception de ce qu'est une centrale nucléaire et qui la confondent avec une bombe. Dans leur esprit, si jamais il y a un accident, le site explose, et ils imaginent qu'ils vont tous mourir. Pour eux, ça ne sert donc à rien d'aller chercher de l'iode. »

Mais, nous l'avons vu, en cas d'accident, ça ne se passera pas comme ça. En revanche, ce qui peut se produire c'est qu'en cas de problème les distributions d'iode soient perturbées, d'où l'importance de récupérer les cachets.

En fin de compte, les conséquences les plus sévères liées à l'irradiation et la contamination ne sont pas tant médicales qu'économiques et sociales. Il pourrait y avoir des restrictions de consommation sur plusieurs centaines de kilomètres, des terres impropres à la culture pendant de longues années et des territoires entiers pollués qui deviendraient inaccessibles – comme c'est le cas autour de Tchernobyl.

« Le nombre de "réfugiés radiologiques", c'est-à-dire la population des zones d'exclusion qui aurait besoin d'être relogée définitivement, pourrait être de l'ordre de 100 000 personnes », indique l'IRSN. En découleraient logiquement des effets psychologiques importants sur la population. Sans compter que des pays voisins pourraient également être touchés. Au total, un accident majeur pourrait coûter à la France plus de 430 milliards d'euros[46].

Le nucléaire apprend de ses erreurs

Jusqu'à ma visite de la centrale du Bugey, j'ignorais l'existence des visites décennales des réacteurs nucléaires. Cette appellation peu évocatrice désigne un processus fondamental pour la sûreté des installations. Tous les dix ans environ, chaque réacteur est arrêté plusieurs mois pour des contrôles poussés.

46. Données de l'IRSN.
https://www.irsn.fr/savoir-comprendre/crise/cout-economique-pour-deux-scenarios-daccident

« Chaque site nucléaire doit justifier qu'il est toujours en conformité d'un point de vue de la sûreté, qu'il est toujours en état de fonctionner dix ans de plus », m'explique Tristan Kamin.

Ces visites permettent également de les « mettre à jour », avec les nouvelles réglementations ainsi que les retours d'expériences du parc nucléaire national et international. Les centrales se servent des incidents et accidents survenus ailleurs afin d'améliorer leur sûreté. Lors de ma visite du site du Bugey, je me suis retrouvé face à quatre gigantesques bunkers de béton, des tours grises de 25 mètres de hauteur, aux quatre murs droits surplombés d'une toiture arrondie en acier. Ce sont des DUS, des diesels d'ultime secours, qui font partie du programme post-Fukushima. Avec près de 120 000 litres de réserve de carburant chacun, ils sont censés alimenter les systèmes de refroidissement des réacteurs en cas de panne généralisée, afin d'éviter une situation similaire à celle qui a eu lieu en 2011 dans la centrale nucléaire japonaise. Pour éviter des rejets radioactifs vers l'extérieur, de nombreux éléments ont également été ajoutés, comme des filtres sur la tuyauterie.

Les sites nucléaires sont ainsi en constante évolution, en progrès continu, pour parer à toujours plus d'éventualités. Bâtir toujours plus de barrières, c'est le principe de défense en profondeur, capital pour la sûreté nucléaire.

C'est aussi lors de visites décennales que d'importants chantiers ont été menés sur les réacteurs 900 MWe – ceux de plus faible puissance du parc français – pour les doter d'un dispositif de sûreté accru en cas de fusion du combustible. Une sorte de système de « cendrier », qui contient le cœur fondu, afin d'éviter toute dispersion de matière radioactive.

« Ces visites conduisent à avoir aujourd'hui des centrales beaucoup plus sûres qu'il y a vingt ou quarante ans, lors de leur conception », poursuit Tristan Kamin.

Des essais dits « périodiques », en parallèle, sont réalisés en permanence. Les centrales sont très contrôlées : l'ASN pratique environ 600 inspections par an, ce qui correspond à une trentaine pour chaque site nucléaire. Pour une centrale avec quatre réacteurs, comme celle du Bugey que j'ai visitée, le gendarme de l'atome s'y rend une à deux fois par semaine.

Le réchauffement climatique augmente-t-il les risques liés au nucléaire ?

Sécheresses, tornades, inondations… Le réchauffement climatique engendre déjà, et ne va cesser d'engendrer, des événements météorologiques de plus en plus intenses. Ces aléas ne mettent-ils pas en péril la sûreté de nos centrales nucléaires ? C'est ce qu'avancent certains opposants à l'énergie atomique, comme Jean-Luc Mélenchon, lors du meeting de clôture de l'université d'été des Insoumis, en août 2022 : « Il faut cesser de mentir aux Français en disant que le nucléaire est une énergie sûre parce qu'elle ne l'est pas, et que le danger s'est accru dès lors qu'il y a eu la canicule et la sécheresse », tonne-t-il devant ses sympathisants. Ce n'est pourtant pas ce qu'affirment les spécialistes de la question. Pour les centrales positionnées en bord de mer, la question ne se pose pas – les épisodes d'intenses chaleurs ne vont pas assécher les océans – et pour celles en bord de fleuve, les risques n'augmentent pas si le débit du cours d'eau diminue, voire s'il est insuffisant. « S'il y a le moindre risque du côté refroidissement, on arrête la centrale. Le besoin en eau est divisé par 100 en quelques minutes et par 1 000 en quelques jours, ce qui nous donne une bonne marge », confirme Tristan Kamin.

La question soulevée dans ce cas-là est celle de la rentabilité. Si les réacteurs sont trop souvent à l'arrêt, la production électrique peut fortement diminuer et le rendement de la centrale sera amoindri.

« On va plus s'inquiéter de la température dans les bâtiments car des machines comme les diesels de secours, par exemple, ne fonctionnent pas au-delà de certaines températures. Il faut donc des climatiseurs », conclut Tristan Kamin.

Le réchauffement climatique, ce ne sont pas uniquement des vagues de chaleur et des sécheresses, c'est également la montée du niveau de la mer, des précipitations plus violentes, des inondations. Qu'en est-il alors des risques liés à ces phénomènes ?

Sorte de Fukushima à la française, en 1999, un incident a eu lieu en France, sur le site du Blayais, situé au bord de l'estuaire de la Gironde. Submersion, perte électrique… il présente quelques similitudes avec la catastrophe japonaise – qui surviendra douze ans plus tard.

Dans la nuit du 27 décembre, la tempête Martin déferle sur la côte atlantique. Elle sera qualifiée de « tempête du siècle », faisant 35 morts et de nombreux blessés. Des vents de près de 200 km/h balaient le département de la Gironde. Haute de 5,20 mètres, la digue qui protège la centrale du Blayais est submergée par les vagues. Il y a jusqu'à 30 centimètres d'eau par endroits et elle s'infiltre dans le site nucléaire. Les circuits de sécurité sont en partie inondés, la route qui mène à la centrale l'est complètement. La centrale est, l'espace de quelques heures, coupée du monde. Deux des quatre pompes de refroidissement du réacteur n° 1 sont hors service. Elles sont censées, en cas d'urgence, empêcher la fusion du cœur. À 00 h 30, le dernier réacteur de la centrale s'arrête, faute de pouvoir être alimenté normalement en eau.

Pour les militants antinucléaires, la centrale du Blayais a « frôlé la catastrophe ». L'avis des experts et scientifiques est plus nuancé. Oui, EDF savait que la digue n'était pas assez haute, comme l'atteste une note datant de 1997, deux ans avant l'incident. Il était prévu de la rehausser en 2000, puis la date a été repoussée à 2002. Manque de chance, la tempête Martin est passée par là avant. Il s'agit d'une faute incontestable de la part de l'exploitant. Néanmoins, l'incident du Blayais a été classé au niveau 2, sur 7, de l'échelle internationale des événements nucléaires. Pour l'ASN, ce degré correspond à des « défaillances importantes des dispositions en matière de sûreté, sans conséquences réelles ». Les conclusions du rapport de l'Institut de protection et de sûreté nucléaire sur l'inondation de la centrale[47] permettent d'apprécier au mieux cette qualification basse sur l'échelle de gravité des événements nucléaires : même si toutes les pompes de refroidissement avaient été en panne – ce qui n'a pas été le cas, elles n'ont montré « aucun signe de défaillance » précise le rapport –, il aurait fallu dix heures pour que survienne un accident et que le cœur commence à fondre. Or, l'eau présente dans

47. IPSN, « Rapport sur l'inondation du site du Blayais survenue le 27 décembre 1999 », 17 janvier 2000. https://www.irsn.fr/sites/default/files/documents/expertise/rapports_expertise/rapport_sur_l_inondation_du_site_du_blayais.pdf

les sous-sols a été pompée en moins de temps que cela. La sûreté, bien que dégradée, a été maintenue, et il y avait une marge conséquente avant un accident majeur. C'est un poil technique mais je me dois de rentrer un minimum dans les détails afin d'exposer au mieux la situation et ne pas tomber dans des raccourcis que certains ont pris ou ont souhaité nous faire prendre.

À la suite de cet incident, à l'instar de ce que j'expliquais avec les diesels de secours au Bugey, des améliorations ont été apportées aux centrales et d'autant plus après l'accident de Fukushima.

Le nucléaire est-il trop gourmand en eau ?

« Aujourd'hui, 50 % de l'eau en France, 26 milliards de mètres cubes d'eau, sont nécessaires pour refroidir le parc actuel », alertait la députée Europe Écologie-Les Verts Julie Laernoes sur la chaîne LCP le 1er mars 2023. Quelques jours plus tard, sur Twitter, Marine Tondelier, secrétaire nationale du parti écolo, en remettait une couche : « Une fois pour toutes, disons-le simplement et fermement : à ce rythme, il n'y aura bientôt plus assez d'eau dans nos fleuves pour refroidir les centrales. » Il est vrai qu'avec le réchauffement climatique, et l'intensification des épisodes de sécheresse, la question de nos ressources en eau potable est fondamentale. Mais si le nucléaire nécessite des quantités importantes d'eau, ces assertions sont exagérées.

Toute l'eau nécessaire au refroidissement des réacteurs n'est pas « consommée » ni potable. Les centrales en bord de mer, par exemple, prélèvent dans l'océan et restituent l'entièreté de l'eau. C'est le cas également pour certaines situées en bord de fleuve. Ce qui ne pose aucun problème en matière de ressources. Les sites avec les fameuses cheminées, comme ceux de Tricastin ou du Bugey, sont les seuls à réellement consommer de l'eau – nous l'avons vu précédemment, il s'agit de la fumée blanche – et encore, une majorité est restituée.

Le nucléaire prélève en effet énormément d'eau (16 milliards de mètres cubes en 2018) mais en consomme une partie dérisoire (environ 0,5 milliard de mètres cubes en moyenne sur la période 2010-2018). L'agriculture est en réalité la première activité consommatrice d'eau avec 57 % du total, devant l'eau potable (26 %) et le refroidissement des centrales (12 %)[48]. Toutefois, il faut noter que la répartition est inégale en fonction des zones géographiques. Dans le bassin Loire-Bretagne, la consommation des centrales nucléaires est

48. Ministère de la Transition écologique, « L'eau en France : ressource et utilisation – Synthèse des connaissances en 2022 », 30 mars 2023.
https://www.statistiques.developpement-durable.gouv.fr/leau-en-france-ressource-et-utilisation-synthese-des-connaissances-en-2022

supérieure à celle de l'eau potable, mais nettement inférieure à celle de l'agriculture.

Pour les centrales en bord de fleuve, le véritable souci est celui de la température de l'eau restituée qui peut entraîner des conséquences pour la biodiversité. En revanche, si jamais la température dépasse un seuil de tolérance, les réacteurs sont mis à l'arrêt pour préserver les écosystèmes.

Quels sont les bilans des catastrophes de Tchernobyl et Fukushima ?

Ce que nous venons de voir concernant les risques liés aux centrales nucléaires sont parfois des prédictions, des estimations, qui peuvent sembler maigres, voire minimiser les effets sur la santé – j'ai été le premier interloqué. Mais il est intéressant de les confronter aux faits passés. Dans mon esprit, les deux accidents nucléaires japonais et de l'ex-URSS ont eu des conséquences dramatiques, causant de très nombreuses morts, mais la réalité est un petit peu plus nuancée que cela.

Précision que je juge utile d'apporter dès à présent : l'idée n'est en aucun cas de minimiser ou d'occulter les incidences humaines et sanitaires de ces deux événements majeurs, mais simplement d'apporter un éclairage factuel, pour lever le brouillard émotionnel qui enveloppe ces accidents.

Pour Tchernobyl, les conséquences les plus graves pour la santé ont été observées chez les premiers intervenants sur le site de la centrale, appelés les « liquidateurs ». Deux d'entre eux sont décédés immédiatement de brûlures, 28 autres, dans les mois qui ont suivi l'accident des suites de leur irradiation, selon le rapport officiel de l'UNSCEAR de 2008. Voilà pour les pertes humaines « directes ». Le bilan est bien moindre que ce que j'imaginais.

Entre 1987 et 2006, 19 autres intervenants sont morts mais la cause de leur décès n'est pas formellement liée à la catastrophe nucléaire. Toutefois, ce bilan du Comité scientifique des Nations unies est partiel, car il ne comptabilise que les décès des liquidateurs et pas ceux de la population, moins touchée par les radiations et qui n'a donc développé des maladies que plus tard. L'Organisation mondiale de la santé et le Centre international de recherche sur le cancer, deux agences des Nations unies, se sont livrés à des prédictions. L'OMS tablait, lors d'un rapport en 2005, sur 4 000 décès à terme dus à la catastrophe. L'année suivante, le CIRC évoquait 16 000 morts potentiellement attribuables aux retombées radioactives de Tchernobyl d'ici à 2065. Un autre rapport, publié en 2006 par le groupe des Verts / Alliance libre européenne du Parlement européen, estime un bilan global entre 30 000 et 60 000. Mais il ne s'agit que d'estimations. L'exercice est périlleux, la réalité médicale ne permet pas, de manière certaine, d'imputer aux radiations induites par l'accident de Tchernobyl un cancer mortel survenant plusieurs années, voire plusieurs décennies, après la catastrophe. De plus, le contexte politique de l'époque, puis la chute de l'URSS rendent extrêmement compliquée une évaluation précise. C'est pourquoi le bilan de la catastrophe fait débat. Et même si je ne m'en tiens ici qu'aux chiffres émanant d'études scientifiques sérieuses, une chose est sûre : « Il est impossible de dresser un bilan sanitaire exhaustif », comme le confesse l'IRSN.

Néanmoins, l'UNSCEAR et plusieurs études mettent en lumière une augmentation significative de cancers ainsi que d'autres pathologies, et font le lien avec l'accident nucléaire de 1986. Le principal effet sanitaire est le cancer de la thyroïde chez les personnes exposées pendant l'enfance et l'adolescence. Concrètement, entre 1991 et 2015, la catastrophe de Tchernobyl aurait engendré entre 6 000 et 10 000 cancers de la thyroïde sur la période – sans pour autant qu'ils soient tous mortels.

Les conséquences de l'accident de Fukushima sont sensiblement différentes. Une seule personne est décédée des radiations, un employé de la centrale, des suites d'un cancer des poumons, en 2018, soit sept ans après l'accident. Aucune mort « immédiate » n'est à déplorer dans la population, les doses radioactives reçues étaient faibles (jusqu'à une dizaine de millisieverts[49]). D'ailleurs, même si celles reçues par les liquidateurs étaient plus élevées, elles étaient sans commune mesure comparées à celles de la catastrophe de Tchernobyl. Voilà ce qui explique ce mince bilan, mais le chapitre ne peut pas être clos si rapidement. À peine plus de dix ans après l'accident majeur, l'IRSN estime qu'il est « encore prématuré de se prononcer sur une éventuelle augmentation des cancers de la thyroïde », bien que les études publiées pour l'heure ne montrent pas d'accroissement. Sur le long terme, l'UNSCEAR « ne s'attend pas [...] à des changements importants qui pourraient être attribués à une exposition aux rayonnements due à l'accident ».

En revanche, il y a eu 2 200 décès indirects, à cause des évacuations liées à l'accident, selon l'Agence pour la reconstruction, une agence publique japonaise. Il s'agit notamment de personnes vulnérables, comme les personnes âgées. Cet exode forcé a entraîné des répercussions psychologiques, physiques et médicales, engandrant des dépressions, des suicides, l'aggravation de maladies chroniques comme le diabète, par exemple, et épuisant les populations. « Pour éviter un éventuel risque de cancer à terme, on a évacué

49. UNSCEAR, « 2013 Report. Sources, effects and risks of ionizing radiation », volume I, 2014.

des gens, dont certains ont mis fin à leurs jours alors qu'ils n'auraient rien eu s'ils étaient restés sur place », commente Christophe Quintin.

Les eaux usées de Fukushima

Malgré tout, la psychose persiste. Sur les étals des marchés chinois ou russes, depuis la fin août 2023, il n'y a plus de poisson ou de fruits de mer japonais. Cette suspension des importations n'est pas une conséquence de l'invasion de Moscou en Ukraine, elle fait suite au rejet des eaux contaminées de Fukushima. Les deux pays – qui n'ont pas de bonnes relations avec le Japon – ont pris des mesures drastiques pour « soulager » leur population. À Tokyo, des manifestants ont également protesté devant le siège de l'opérateur de la centrale, en colère contre les responsables politiques nippons qui mettraient « en danger la santé de l'océan » et qui s'inquiètent de « ne peut-être plus pouvoir manger de poisson[50] ». Et jusqu'en France, cette opération a suscité une large couverture médiatique – et remué quelques inquiétudes.

L'opération, qui est réalisée progressivement et qui doit durer jusque dans les années 2050, consiste à rejeter en mer l'eau qui a notamment servi, depuis

---

50. « Japon : la centrale de Fukushima commence à rejeter les eaux contaminées », journal télévisé de 13 heures de France 2, 24 août 2023.

l'accident de la centrale de Fukushima, à refroidir les réacteurs. Au total, plus d'un million de tonnes d'eau doit être relâché dans l'océan Pacifique. Avant cela, elle a été préalablement traitée et purifiée, de sorte que tous les éléments radioactifs ont été retirés sauf un, le tritium – nous ne savons pas le faire actuellement. Et c'est lui qui cristallise l'attention et les peurs.

Pourtant, ces eaux contaminées au tritium sont diluées. La concentration des rejets est de 1 500 becquerels – une unité de mesure de la radioactivité – par litre, quand la recommandation de l'Organisation mondiale de la santé est de 10 000 maximum pour de l'eau potable. Les impacts, aussi bien sur la santé que sur l'environnement, sont négligeables d'après les experts de l'AIEA, l'Agence internationale de l'énergie atomique. D'ailleurs, des quantités faibles de tritium – mais supérieures à celles de Fukushima – sont rejetées dans l'eau, en France, par l'usine de retraitement de La Hague, par exemple, sans que cela pose un problème particulier de santé publique ou sur l'environnement.

Que faire des déchets radioactifs ?

Oui, cette fois-ci, la question n'est pas d'être pour ou contre, étant donné que l'activité nucléaire – entre autres – a généré, génère et va continuer à générer des déchets. Même si nous démantelions toutes les centrales demain matin, nous aurions 56 réacteurs en morceaux sur les bras, en plus du 1,6 million de mètres cubes de déchets radioactifs déjà produits en France. Mais parmi ce volume impressionnant de rebuts contaminés, tous ne se valent pas et tous ne sont pas d'une grande dangerosité. Il y a aussi bien du matériel médical que de la terre, des gravats, des gants, des paratonnerres, des métaux…

La bonne nouvelle, c'est qu'une infime partie (3 %) d'entre eux concentrent la quasi-totalité (99 %) de la radioactivité. Ce sont les déchets dits de moyenne activité à vie longue et haute activité ; ils proviennent du retraitement des combustibles des réacteurs nucléaires et peuvent être radioactifs pendant plusieurs centaines de milliers d'années. C'est là que nous comprenons que, même s'il y en a peu, ce ne sera pas pour autant une formalité à gérer.

Par le passé, nous avons eu différentes manières de nous occuper de ces déchets. Dans les années 1960, la France et 13 autres pays ne se sont pas encombrés de scrupules environnementaux et les ont tout simplement immergés dans les océans Arctique, Pacifique et Atlantique. « Eh, l'eau diluera la radioactivité ! Problème réglé. »

Au fil du temps, la doctrine a peu à peu évolué et la logique est aujourd'hui de confiner la radioactivité.

L'éventualité d'envoyer nos déchets dans l'espace a véritablement été étudiée par la NASA, mais le coût et les risques – imaginez un instant qu'une navette spatiale poubelle explose au décollage et disperse tout plein de matières radioactives dans l'atmosphère – ont abouti à la placardisation de cette solution.

Un consensus international s'est finalement établi pour stocker ces déchets sous terre, dans des couches géologiques profondes, afin de les isoler de nous, humains, et d'éventuelles agressions extérieures, notamment naturelles, comme des phénomènes météorologiques. C'est le choix de la France, de l'Allemagne, de la Suède, de la Finlande ou encore des États-Unis, par exemple.

En France, ce projet est construit à Bure, dans la Meuse, et s'appelle Cigéo (pour Centre industriel de stockage géologique). Il consiste à descendre tous nos déchets les plus radioactifs à 500 mètres sous la surface de la Terre, dans une épaisse couche d'argile. La « phase d'exploitation » – le chantier et l'acheminement des colis nucléaires – doit durer jusqu'en 2150, environ, avant que le trou soit définitivement fermé. Le site a été méticuleusement choisi, afin d'être le plus sûr possible. La couche argileuse a été sélectionnée car elle a la caractéristique de très peu conduire la circulation de l'eau – seulement quelques centimètres par million d'années, ce qui permet d'éviter que l'eau rapporte rapidement la radioactivité à la surface. En plus de cela la zone, qui est très peu peuplée, est considérée comme « pratiquement asismique[51] » par les géologues. Autre avantage, à l'exception d'un faible potentiel géothermique, les sous-sols de Bure ne possèdent rien d'intéressant, pas de pétrole, de gaz ni d'or, et ainsi les générations futures ne seront pas tentées d'aller fouiner et creuser par là.

Mais cette option ne fait toutefois pas l'unanimité. L'opposition à Cigéo a démarré localement dès le début du projet, à la fin des années 1990. Et, depuis quelques années désormais, la contestation a pris une ampleur nationale. Six députés NUPES, en déplacement à Bure, en septembre 2022, lançaient un « front parlementaire » contre l'enfouissement des déchets nucléaires. Sandrine Rousseau, qui fait partie du mouvement, tweetait que « l'enfouissement définitif des déchets nucléaires est pure folie, prétentieuse, typique de cet extractivisme, indifférent aux conséquences ». Mathilde Panot, élue LFI, a quant à elle dénoncé un projet qui « transforme un territoire en poubelle nucléaire ». Les opposants à Cigéo considèrent que ce stockage géologique représenterait un danger pour les générations futures.

51. Andra, « Jalon 2009 HA-MAVL – Options de sûreté du stockage en formation géologique profonde ».
https://www.andra.fr/sites/default/files/2018-01/392.pdf

Mais concrètement, qu'est-il reproché à Cigéo ? Parce qu'il va bien falloir en faire quelque chose de ces déchets. Greenpeace, farouchement opposée au projet, estime pour sa part qu'au-delà de la question du fardeau que nous laissons à nos descendants de nombreux points « techniques restent aujourd'hui sans réponse (stabilité de la roche, risques d'incendie et d'inondation, signalisation du site...) » et pourraient induire des « fuites radioactives[52] ». L'ONG considère également que « cacher nos déchets nucléaires n'est pas une solution » et qu'il « sera impossible de récupérer ces déchets si une solution durable était enfin trouvée par les générations futures ».

Ce dernier point, qui irrite aussi les députés du front parlementaire de la NUPES, n'est pas tout à fait juste. Effectivement, et c'est tout le principe du stockage géologique, une fois enfouis à 500 mètres sous terre, les déchets y resteront, le projet est irréversible. Cela permet notamment d'ôter, aux générations qui vont suivre, la charge d'un contrôle permanent. Cependant, pendant au moins cent ans[53], il y aura la possibilité de récupérer des colis radioactifs avant que Cigéo ne soit définitivement scellé,

52. Greenpeace France, « Déchets nucléaires : pourquoi le projet Cigéo à Bure doit être stoppé », 2018.
https://www.greenpeace.fr/dechets-nucleaires-projet-cigeo-a-bure-etre-stoppe/#:~:text=Le%20projet%20d'enfouissement%20des,pouvoir%20les%20contr%C3%B4ler%20en%20permanence.

53. Code de l'environnement, article L542-10-1.

si l'humanité a trouvé entre-temps une meilleure solution. C'est d'ailleurs le débat public qui a permis d'instaurer cette réversibilité.

Même si cela peut paraître complètement dingue, je vous l'accorde, il y aura des fuites radioactives. Elles sont prévues et ce n'est pas un souci pour autant. Je vous explique : les colis qui emprisonnent aujourd'hui les déchets vont, avec le temps, ne plus être étanches et se dissoudre, des éléments radioactifs vont ainsi migrer et revenir à la surface. C'est certain qu'écrit comme cela, ce n'est pas très rassurant. Mais vous commencez à me connaître et vous vous souvenez qu'il faut se détacher de ses émotions en ce qui concerne le nucléaire, c'est mieux pour apprécier la science et les faits. Or, avant que les radionucléides – de leur petit nom – ne reviennent à notre niveau, plusieurs centaines de milliers d'années auront passé et leur radioactivité aura drastiquement chuté pour être quasi nulle. L'exposition maximale serait comprise entre 0,02 mSv/an[54] et environ 0,25 mSv/an[55], soit de très faibles doses.

---

54. Andra, « Dossier d'options de sûreté – Partie après fermeture (DOS-AF) », 2016.
https://www.andra.fr/sites/default/files/2018-04/dossier-options-surete-apres-fermeture_0.pdf
55. IRSN, « Projet de stockage Cigéo – Examen du Dossier d'options de sûreté », tome 2, 2017.
https://www.irsn.fr/sites/default/files/documents/expertise/rapports_gp/IRSN_Rapport-2017-0013_GPDOS-Cigeo_Tome-2.pdf

Admettons maintenant que tout ne se passe pas comme prévu et envisageons un scénario catastrophe. Le site de Bure possède un relativement faible potentiel géothermique mais qu'importe, des humains ont décidé de réaliser un forage afin d'exploiter cette chaleur souterraine. Manque de bol, ils perforent pile le colis radioactif qu'il ne fallait pas et ce, au pire moment possible. Quand ça ne veut pas, ça ne veut pas... Malgré cet alignement défavorable des planètes, l'exposition est estimée à 55 mSv/an[56]. La dose est conséquente, elle nécessiterait une évacuation des populations (selon notre législation actuelle), sans être toutefois critique – elle est nettement en dessous de la barre des 100 mSv pour laquelle une augmentation du risque de cancer est avérée.

Le moment le plus délicat avec Cigéo sera sa phase d'exploitation. Clairement, ce n'est pas le même enjeu que lorsque je descends des cartons à la cave. L'acheminement des déchets comporte notamment des risques d'incendies. Ce genre de situation a déjà eu lieu aux États-Unis, par exemple, le danger est bien réel. L'IRSN indique qu'une explosion pourrait provoquer des dispersions de matières radioactives. Cela étant, ça ne concerne pas toutes les catégories de déchets et

56. Andra, « Dossier d'options de sûreté – Partie après fermeture (DOS-AF) », 2016.

l'Andra, l'Agence nationale pour la gestion des déchets radioactifs, a été sommée de travailler davantage sur la question « afin d'éliminer la possibilité qu'un incendie puisse se propager ».

Ces risques, qui doivent être pris en compte et étudiés scrupuleusement, n'empêchent pas l'IRSN d'estimer que « le projet a atteint, dans son ensemble, une maturité technique satisfaisante ».

Mon ambition avec ces quelques pages sur le stockage géologique n'est néanmoins pas d'apporter une réponse exhaustive à la question, mais simplement de fournir une synthèse des informations qui me semblent utiles à la compréhension globale du sujet. Alors, si jamais vous souhaitez en savoir plus sur cette question ô combien complexe, je vous recommande de regarder la vidéo disponible sur la chaîne YouTube Osons Causer intitulée « La solution définitive aux déchets nucléaires ? Cigéo à Bure ». Un travail remarquable, documenté, équilibré, basé sur les faits.

Chapitre 4

La crise écologique ne se limite pas au réchauffement climatique

La biodiversité : un enjeu majeur pour la survie de l'espèce humaine

S'il y a bien une chose sur laquelle on ne nous a pas menti en matière d'écologie, c'est l'effondrement de la biodiversité. Je préfère être honnête, avant de m'intéresser aux questions environnementales j'aurais été absolument incapable d'en parler précisément, toutefois j'étais plus ou moins conscient de la situation. Des animaux meurent, les tortues sniffent du plastique, les ours polaires n'ont plus de banquise où poser leurs pattes, des espèces disparaissent, voilà à peu près l'entièreté de mes connaissances d'autrefois sur le sujet. Ce bagage rudimentaire – pour rester poli – sur la biodiversité traduisait mon indifférence la plus totale. Encore aujourd'hui, je l'avoue, qu'un tigre asiatique, qu'une sauterelle ou qu'une espèce d'oiseau sud-américain – dont j'ignore l'existence – s'éteigne, c'est triste bien sûr, l'animal était potentiellement joli ou un peu mignon, mais soyons très franc, ça ne va pas m'empêcher de dormir – je suis en train de dresser un portrait de moi infâme, je ne me raccroche plus qu'au fait que je suis lucide sur mes imperfections et que cela fait de moi une personne « moins pire », non ?

Notre indifférence vis-à-vis de la biodiversité – oui, je vous inclus, désolé, mais je refuse d'être le seul sinon le monde irait beaucoup mieux – peut s'expliquer par de nombreux facteurs, mais je l'attribue à deux raisons prépondérantes : nos modes de vie ainsi que la place croissante prise par le réchauffement climatique dans l'espace médiatique. Nous sommes en grande majorité des urbains et le nombre de personnes réellement en contact avec la nature, avec la « terre », fond comme neige au soleil. Sans être un citadin pur jus et endurci, je ne saurais pas reconnaître une espèce d'arbre en regardant une feuille, hormis pour un figuier ou un chêne, à la limite. Idem pour les chants d'oiseaux, si ce n'est pas une tourterelle, je suis perdu. En parallèle, les conséquences visibles du dérèglement climatique, accompagnées des différentes COP et des rapports du GIEC, font que les journalistes donnent davantage de place au climat – trois fois plus[57] – qu'à la biodiversité (c'est le cas également dans la littérature scientifique). D'ailleurs, il faut attendre le quatrième chapitre de ce livre pour qu'elle soit abordée.

Les quelques fois où « nos amies les bêtes » ont la chance d'être dans la lumière médiatique, il s'agit très souvent des mêmes : tigres, lions, éléphants, girafes, ours polaires, gorilles, requins, dauphins[58]... À croire que la biodiversité, la nature, se limite à une vingtaine d'espèces alors qu'il y en aurait au moins huit millions – mais comme même les scientifiques s'y intéressent peu, eux aussi, nous ne savons pas précisément. Si ces espèces nous plaisent autant, c'est parce

57. Pierre Legagneux, Nicolas Casajus, Kevin Cazelles, Clément Chevallier, Marion Chevrinais, Loreleï Guéry, Claire Jacquet, Mikael Jaffré, Marie-José Naud, Fanny Noisette, Pascale Ropars, Steve Vissault, Philippe Archambault, Joel Bêty, Dominique Berteaux et Dominique Gravel, « Our house is burning: discrepancy in climate change vs biodiversity coverage in the media as compared to scientific literature » (« Notre maison brûle et nous regardons ailleurs : le sous-traitement médiatique de la crise de la biodiversité »), *Frontiers in Ecology and Evolution*, 19 janvier 2018. https://www.frontiersin.org/articles/10.3389/fevo.2017.00175/full

58. Céline Albert, Gloria M. Luque et Franck Courchamp, « The twenty most charismatic species », *PLoS ONE*, 9 juillet 2018. https://doi.org/10.1371/journal.pone.0199149

qu'elles sont mignonnes, terrifiantes, imposantes ou belles : charismatiques. Mais ce focus sur une poignée d'animaux participe paradoxalement à notre détachement. Nous les voyons partout (dans les films, les publicités, les livres, ce sont les jouets de nos enfants...), ce qui génère une impression d'abondance. Or, il n'en est rien. Toutes ces espèces sont menacées d'extinction à court terme, elles sont en train de disparaître. Les éléphants d'Afrique, par exemple, sont considérés « en danger critique » d'extinction par les experts de l'Union internationale pour la conservation de la nature. Dans la savane, leur population a reculé d'au moins 60 % en cinquante ans, et de plus de 86 % dans les forêts en trente et un ans. Les lions d'Afrique, eux, pourraient s'éteindre d'ici à 2050.

Je suis atteint d'une « myopie du désastre », comme dirait Gilles Boeuf, biologiste et ancien président du Muséum national d'histoire naturelle. Je suis conscient que ça ne va pas, cependant j'ignore l'ampleur du problème et ainsi je reste immobile. Afin de guérir, le traitement le plus efficace est celui du savoir. Une personne myope voit bien de près, pas de loin, l'expression est tout particulièrement à propos : nous sommes induits en erreur par notre vision défaillante, imaginant que la crise de la biodiversité ne nous touche pas directement. Et puis quoi, c'est vrai, il nous restera toujours des zoos pour voir des espèces un petit peu farfelues ! Grossière erreur.

La biodiversité, ce ne sont pas uniquement les animaux comme j'ai pu l'écrire jusqu'ici, mais bien l'ensemble des êtres vivants (et l'ensemble des interactions entre eux et les écosystèmes), c'est-à-dire les végétaux, les bactéries, les champignons… y compris les êtres humains. Nous faisons toutes et tous partie de la nature, il faut arrêter de nous mettre de côté lorsque la question de l'effondrement de la biodiversité est considérée. Voici la première phase de la cure : prendre conscience de notre intrication au sein du vivant et mesurer à quel point nous en sommes dépendants. En somme, mesurer les enjeux et réaliser la puissance de la biodiversité.

Même le ministre de la Transition écologique, Christophe Béchu, avouait sur le plateau de BFM TV, le 22 août 2023, que sa perception de la biodiversité – « qui est encore trop un angle mort de l'écologie au sens large » – avait évolué après avoir passé un an à ses fonctions. Sous-entendu, le boss de l'écologie au gouvernement, diplômé de Sciences po, qui a été député européen, maire, président de conseil général, bref qui est éduqué et dans la vie politique depuis plus de vingt ans, ne mesurait pas l'ampleur de la crise. Comment voulez-vous que nous autres, pauvres citoyens lambda, y parvenions alors ?

La survie de l'être humain repose sur 50 000 espèces sauvages[59]. « Du poisson que nous mangeons aux médicaments que nous prenons, en passant par les cosmétiques, la décoration et les loisirs, l'utilisation des espèces sauvages est beaucoup plus répandue que la plupart des gens ne le pensent », explique Marla Emery, membre de l'IPBES (Plateforme intergouvernementale scientifique et politique sur la biodiversité et les services écosystémiques), communément appelée « le GIEC de la biodiversité ». Je ne sais pas combien de fois j'ai pu l'écrire dans ce livre, mais nous voyons de nouveau que la crise écologique menace directement la survie de l'espèce humaine, les conditions de vie sur Terre pour les humains, et pas « simplement » la planète. Encore une fois, soyons individualistes, égocentrés, égoïstes, comme vous voulez, et mesurons l'incidence de l'effondrement du vivant sur nous-mêmes. Cette crise va nous poser de sérieux problèmes en matière de santé et de production alimentaire.

---

59. IPBES, eds : Jean-Marc Fromentin, Marla R. Emery, John Donaldson, Marie-Claire Danner, Agnès Hallosserie, Daniel Kieling, Ganesan Balachander, Elizabeth S. Barron, Ram P. Chaudhary, Maria A. Gasalla, Marwa Halmy, Christina Hicks, Mi Sun Park, Brenda Parlee, Jack Rice, Tamara Ticktin et Derek Tittensor, « The Assessment Report on the Sustainable Use of Wild Species », Summary for policymakers, 2022. https://doi.org/10.5281/zenodo.6448567

C'est certain que, de prime abord, quand je pense aux insectes, aux bactéries, aux champignons – et même à certains végétaux et animaux dans une certaine mesure –, je n'y vois pas immédiatement que des aspects positifs. Il existe une écrasante majorité d'espèces anticharismatiques. Je pense notamment aux centaines de moustiques qui m'ont gâché un nombre incalculable de nuits estivales, avec leur petit vrombissement infernal, et pompé des litres de sang. Autant de piqûres qui me démangent encore. Évidemment, je ne me suis jamais laissé faire ! J'ai distribué des claques, des coups de chaussure ou de livre pour en écraser quelques-uns au mur ou à même ma peau, leur laissant penser qu'ils avaient gagné la partie en me piquant. Naïves petites créatures.

Bon, je ne vais pas passer plus de temps sur ces (putains de) moustiques, ce qu'il faut retenir c'est que, s'ils venaient à disparaître, peu de gens seraient en deuil à mon avis. Pourtant, ils sont un maillon essentiel de la chaîne alimentaire : les grenouilles, les chauves-souris, les araignées, une multitude d'espèces se nourrissent de moustiques ou de leurs larves. Et les mâles sont aussi, même si c'est assez surprenant je le reconnais, d'importants pollinisateurs, ce qui est plutôt utile pour nous autres humains. Cela permet de féconder les fleurs de nos cultures et donc de nous nourrir : 35 % de la nourriture mondiale résulte de la pollinisation[60].

Rappelons-nous ce que n'a jamais dit Albert Einstein : « Si les abeilles disparaissaient de la surface du globe, l'Homme n'aurait plus que quatre années à vivre » – ses archivistes assurent que le grand physicien n'a jamais tenu ces propos, bien que cette citation lui soit attribuée dans de nombreux articles et même, pendant un temps, sur le site du ministère de l'Agriculture. Même si d'un point de vue scientifique la phrase n'est pas exacte, l'image toutefois est intéressante : imaginons que l'effondrement du vivant ait engendré la disparition de tous les pollinisateurs (papillons, abeilles, guêpes, mouches, moustiques…), nos existences perdraient sacrément en saveur. Plus de tomates, de café, de courgettes, de fraises, de chocolat, de pommes… il ne resterait dans nos assiettes que des céréales, des pâtes au beurre sauce à rien, du pain sans confiture, du riz et un peu de maïs. Miam.

Et les insectes ne sont pas que des pollinisateurs, ils sont également d'efficaces recycleurs, un rôle crucial dans le bon fonctionnement des écosystèmes. Le cas de l'Australie est évocateur car, par absence de bousiers – des petits scarabées qui forment des boules d'excréments pour ensuite les faire rouler –,

---

60. Source : Organisation des Nations unies pour l'alimentation et l'agriculture.

les pâturages du pays se sont littéralement retrouvés ensevelis par le caca du bétail. Au XVIIIe siècle, lorsque les colons européens arrivent en Australie, ils apportent avec eux vaches, moutons, chevaux mais, sur place, les petits insectes spécialisés dans le recyclage des matières fécales animales endémiques sont incapables de gérer ces nouvelles bouses, à la consistance et l'odeur différentes. Rapidement ce sont des centaines de milliers d'hectares qui se retrouvent ensevelis sous une croûte de merde. Il a ainsi fallu importer, dès les années 1960 et à un coût très élevé, des bousiers d'Afrique et du sud de l'Europe pour s'en débarrasser.

Au niveau mondial, 37 000 espèces de plantes, insectes ou animaux envahissantes, dont 3 500 très nocives, ont été introduites par les activités humaines. Ce phénomène, en plus de peser lourdement sur la biodiversité, coûte plus de 400 milliards de dollars aux États[61]. La biodiversité nous rappelle ce que nous avons trop tendance à oublier : chaque action a une conséquence.

---

61. IPBES, eds : Helen E. Roy, Anibal Pauchard, Peter Stoett, Tanara Renard Truong, Sven Bacher, Bella S. Galil, Philip E. Hulme, Tohru Ikeda, Kavileveettil Sankaran, Melodie A. McGeoch, Laura A. Meyerson, Martin A. Nuñez, Alejandro Ordonez, Sebataolo J. Rahlao, Evangelina Schwindt, Hanno Seebens, Andy W. Sheppard et Vigdis Vandvik, « The Thematic Assessment Report on Invasive Alien Species and their Control », Summary for policymakers, 2023.
https://zenodo.org/records/10127924

Ces bénéfices, non négligeables, que nous tirons de la biodiversité sont des services écosystémiques. À l'instar des répercussions du réchauffement climatique sur nos vies, ce sont eux qui vont venir titiller nos âmes individualistes et nous faire prendre conscience que si nous agissons c'est avant tout pour nous-mêmes. Le vivant produit de l'oxygène – merci la photosynthèse des végétaux –, régule le climat et la qualité de l'air, nous fournit des matières premières… Il joue également un rôle culturel primordial, d'un point de vue esthétique – oh la jolie plante ! –, éducatif – alors ça, tu vois, avec cette écorce blanchâtre, c'est un bouleau – ou récréatif – eh on a vu un mérou, c'est vraiment génial de plonger ici !

Sans oublier l'incidence de la biodiversité sur l'économie – oui, je m'adresse à vous, mes petits individualistes libéraux. Les secteurs fortement dépendants de la biodiversité génèrent près d'un million et demi d'emplois en France, soit 10 % du total des salariés. En prenant en compte les dépendances indirectes, 80 % des boulots français seraient concernés par la biodiversité et subiraient les impacts d'une dégradation des écosystèmes[62]. Plus de la moitié du PIB mondial,

62. Ministère de l'Environnement, de l'Énergie et de la Mer, « La biodiversité, une opportunité pour le développement économique et la création d'emplois », 15 novembre 2016. https://www.ecologie.gouv.fr/sites/default/files/

soit 44 000 milliards de dollars, émane de la nature, de ses services écosystémiques tels que la pollinisation, la filtration des eaux ou les matières premières[63].

En échange, nous piétinons la biodiversité. « Nous sommes en train d'éroder les fondements mêmes de nos économies, nos moyens de subsistance, la sécurité alimentaire, la santé et la qualité de vie dans le monde entier, s'alarmait en 2019 le président de l'IPBES, Robert Watson. La santé des écosystèmes dont nous dépendons, ainsi que toutes les autres espèces, se dégrade plus vite que jamais. »

La sixième extinction de masse a commencé

Mes souvenirs d'été d'enfance ne sont pas à la plage mais à la montagne. Trois semaines en altitude, à manger trop de tartiflette, à attendre au bord de la route plusieurs heures avant que la caravane du Tour de France arrive, à croiser des marmottes en randonnées et à râler parce que trois semaines c'est long quand même et je m'ennuie.

DELANNOY_BIODIV_Rapport_Final_20161117.pdf

63. World Economic Forum, « Nature Risk Rising: Why the Crisis Engulfing Nature Matters for Business and the Economy », 2020.
https://www3.weforum.org/docs/WEF_New_Nature_Economy_Report_2020.pdf

Le troisième samedi matin du séjour, les bruits d'aspirateur dans les chambres voisines et les chariots des femmes de ménage qui roulent dans le couloir sonnaient la fin des vacances. Tu n'as rien oublié ? Tu as regardé sous le lit ? Mon père va à la réception pour régler, je l'attends devant avec les derniers bagages, la voiture est déjà pleine à ras bord. Avant de se résoudre à véritablement quitter les Alpes, nous faisons un dernier pique-nique dans l'herbe, idéalement à proximité d'un petit cours d'eau et à l'ombre de sapins. Au menu : du fromage, du jambon, des chips, des choses très concrètes.

Six ou sept heures de route plus loin, nous ouvrons les portières et l'air chaud du Sud s'engouffre dans l'habitacle. Mon père s'est levé aux aurores le matin pour faire des aller-retours et charger la voiture, il est temps de tout défaire. J'apporte ma légère contribution en sortant mon sac. J'ai dix-douze ans, j'estime que c'est déjà pas mal – vingt ans plus tard je mesure à quel point j'étais une plaie gamin/adolescent.

Des dépouilles d'insectes aplatis tachettent le pare-chocs et la plaque d'immatriculation avant. Le pare-brise est lui aussi criblé de ces cadavres, mais une partie a été laissée sur le chemin, sous le ballet des essuie-glaces. Il reste surtout des taches blanchâtres étalées sur la vitre. « Franchement, je me suis toujours demandé comment il pouvait encore y avoir des insectes en vie vu le nombre impressionnant qui finissent écrasés sur le pare-brise », s'étonne mon père.

C'est vrai que les automobilistes doivent décimer tous les jours des centaines de milliers d'insectes. Enfin, de moins en moins. Non pas parce que les véhicules sont désormais dotés de systèmes leur permettant d'éviter les moucherons ou les moustiques, mais parce qu'ils sont déjà morts. Près de 80 % des populations d'insectes auraient disparu en Europe depuis trente ans[64]. Étant donné les services écosystémiques qu'ils nous rendent, et la place qu'ils occupent dans le vivant, parler d'une véritable catastrophe n'est pas exagéré.

Parmi les importants bénéfices que nous tirons des insectes, il y a la pollinisation, nous l'avons vu. Sans surprise, les pollinisateurs sauvages n'échappent pas au drame : en Europe, 9 % des espèces d'abeilles et de papillons sont menacés et les populations diminuent fortement[65]. Il est

---

64. Caspar A. Hallmann, Martin Sorg, Eelke Jongejans, Henk Siepel, Nick Hofland, Heinz Schwan, *et al.*, « More than 75 percent decline over 27 years in total flying insect biomass in protected areas », *PLoS ONE*, 18 october 2017.
https://doi.org/10.1371/journal.pone.0185809
65. IPBES, eds : Simon G. Potts, Vera Imperatriz-Fonseca, Hien T. Ngo, Jacobus C. Biesmeijer, Thomas D. Breeze, Lynn V. Dicks, Lucas A. Garibaldi, Rosemary Hill, Josef Settele, Adam J. Vanbergen, *et al.*, « The Assessment Report on Pollinators, Pollination ans Food Production », Summary for policymakers, 2016.
https://zenodo.org/records/2616458

néanmoins difficile d'être précis car les données sont insuffisantes. Par exemple, la France ne dispose même pas d'un inventaire sur le millier d'espèces d'abeilles sauvages présentes dans le pays. Cela n'empêche pas l'UICN, l'Union internationale pour la conservation de la nature, de craindre qu'elles soient, comme l'abeille domestique, en déclin.

Au-delà des services écosystémiques, les insectes sont un maillon majeur de la chaîne alimentaire. S'ils venaient à complètement s'éteindre, cela engendrerait des disparitions en cascade de très nombreuses espèces qui en dépendent, directement ou indirectement.

Il n'y a donc pas que les espèces « charismatiques » qui sont en danger. Au niveau mondial, le nombre de vertébrés (les mammifères, les oiseaux, les reptiles, les amphibiens, les poissons…) dans le monde a baissé d'environ 70 % depuis 1970. Un million d'espèces de plantes et d'animaux sont menacées d'extinction[66]. Rien qu'en France, près de 200 espèces sont déjà éteintes et 1 sur 5, végétale et animale, est menacée d'extinction[67].

---

66. IPBES, eds : Eduardo Brondizio, Josef Settele, Sandra Díaz et Hien T. Ngo, « Global Assessment Report on Biodiversity and Ecosystem Services », 2019.
https://zenodo.org/records/6417333

67. UICN, « Liste rouge des espèces menacées en France », 2022.
https://uicn.fr/liste-rouge-france/

Quand les scientifiques font état d'un « effondrement » du vivant, ça veut bien dire ce que ça veut dire. Le Larousse nous donne cette définition de l'effondrement : « Fait d'être détruit, ruiné, abattu complètement ; anéantissement. »

J'ignorais – ou j'ai simplement oublié de mes cours au collège ou au lycée, je ne sais plus – qu'il y avait eu cinq extinctions de masse dans l'histoire de la Terre. Pour les personnes comme moi qui n'ont pas retenu grand-chose de leurs leçons de SVT, voici un petit rappel : il s'agit de phénomènes qui se déroulent rapidement à l'échelle des temps géologiques – ils durent tout de même plusieurs centaines de milliers d'années, les géologues n'ont vraiment pas le même rapport au temps que nous – pendant lesquels la vie subsiste, certes, mais des familles entières d'espèces disparaissent. La dernière crise de la biodiversité en date est la plus célèbre, celle intervenue il y a soixante-six millions d'années et qui a eu pour conséquence notable la disparition des dinosaures. Ils n'ont pas résisté au volcanisme intense et à la chute d'une météorite gigantesque, de 10 kilomètres de diamètre.

Ce qui m'amène à vous annoncer une bonne et une mauvaise nouvelle. Je vais commencer par la bonne : nous vivons un moment absolument exceptionnel, extraordinaire au sens littéral du terme (on feuillette le Larousse encore une fois : « Qui n'est pas courant ; inhabituel »). La mauvaise : il s'agit de la sixième extinction de masse et nous en vivons déjà les conséquences. Contrairement aux crises précédentes, l'actuelle se caractérise par son extrême célérité, elle est mille fois plus rapide que les cinq passées. Et il faut savoir que s'il suffit de seulement quelques dizaines d'années pour faire disparaître une espèce, il faut des dizaines, voire des centaines de milliers d'années pour que de nouvelles apparaissent.

Ah, y a pas à dire, ça jette un froid quand même…

Les humains sont les seuls responsables de l'effondrement de la biodiversité

Autant j'étais conscient que je « polluais », dans le sens où je contribue à l'émission de gaz à effet de serre qui participent au réchauffement climatique – et ce, même avant ma transition écologique –, en revanche je ne me suis jamais senti responsable de la crise de la biodiversité. Je n'ai jamais tué de tortue à mains nues ni pratiqué le génocide sur une espèce en voie de disparition. Comment alors éprouver une quelconque culpabilité ? C'est terrible à quel point tout est flou, tout est complexe dans l'écologie – et à la fois si simple.

Les causes de l'effondrement du vivant sont multiples, mais clairement identifiées par les scientifiques. Évidemment, la crise climatique – donc nos modes de vie – a une incidence néfaste sur le vivant et le fonctionnement des écosystèmes. Climat et biodiversité s'entraînent mutuellement d'ailleurs dans un cercle vicieux aux conséquences lourdes.

L'exemple de la forêt est parlant : le réchauffement induit des sécheresses, qui tuent directement des arbres ou alors qui rendent propices des incendies, et donc les arbres – qui font partie de la biodiversité, je le rappelle, et dont dépendent nombre d'espèces – partent en fumée. En répercussion, du CO_2 va être émis par dégradation ou combustion du bois, le puits de carbone va être amoindri, ce qui va accentuer le réchauffement climatique, et d'autres arbres vont mourir, ce qui va accentuer le réchauffement, etc. La perte du vivant et le changement climatique s'accentuent ainsi réciproquement ; néanmoins, le climat n'est qu'une des cinq grandes causes – toutes d'origine humaine – de l'effondrement du vivant, et elle n'est pas la plus importante.

Cette forêt, si elle arrive à survivre au réchauffement climatique, périra peut-être directement sous la main des humains. La destruction des habitats (la déforestation mais aussi la destruction des fonds marins, l'artificialisation des sols…) est la principale cause responsable de la crise de la biodiversité. Mais pourquoi couper ces arbres, si utiles ? Pour manger, pour se loger ainsi que pour extraire des énergies fossiles, notamment.

Je vous l'accorde, les grands fronts de déforestation dans le monde ne se situent pas en France hexagonale, plutôt en Amérique du Sud, en Afrique de l'Est, à Sumatra en Asie ou encore dans l'est de l'Australie[68]. Pour autant, nous ne pouvons pas nous en dédouaner complètement. La principale raison de la destruction de forêts au profit de terres agricoles dans ces régions se trouve juste sous nos yeux, dans nos assiettes : la viande. La forêt est rasée pour créer des cultures, de soja notamment. Et même si vous ne consommez pas directement cette légumineuse, vous en mangez, beaucoup. La consommation moyenne de soja dans l'Union européenne est de 61 kilos par habitant et par an, dont 57 kilos de façon indirecte[69], via la nourriture du bétail et des volailles – et aussi un peu du poisson d'élevage. Oui, ce n'est pas limpide lorsque le morceau de viande est empalé sur la fourchette, mais il a bien fallu nourrir cet animal. De l'aveu même du ministère de la Transition écologique sur son site Internet : « Les secteurs

68. WWF, « Living Planet Report », 2018.
https://www.worldwildlife.org/pages/living-planet-report-2018

69. WWF, « Research : Mapping the Soy Supply Chain in Europe », 2015.
https://wwf.panda.org/wwf_news/?247030/Mapping-the-soy-supply-chain-in-Europe

de l'élevage européens sont fortement dépendants du soja latino-américain qui constitue la principale source de protéines pour l'alimentation animale. [...] le Brésil est de loin le premier fournisseur de la France. »

En clair, les vaches, poulets et cochons que nous mangeons bleus, saignants, à point ou bien cuits sont nourris avec du soja cultivé – en partie – là où jadis il y avait de la forêt. Près de la moitié des terres habitables de la planète sont dédiées à l'agriculture et plus de trois quarts d'entre elles sont occupés par les animaux et les cultures pour le fourrage afin de les nourrir[70]. Ce qui est étonnant, c'est que cet accaparement des terres est dérisoire comparé aux apports en protéines :

70. Organisation des Nations unies pour l'alimentation et l'agriculture.

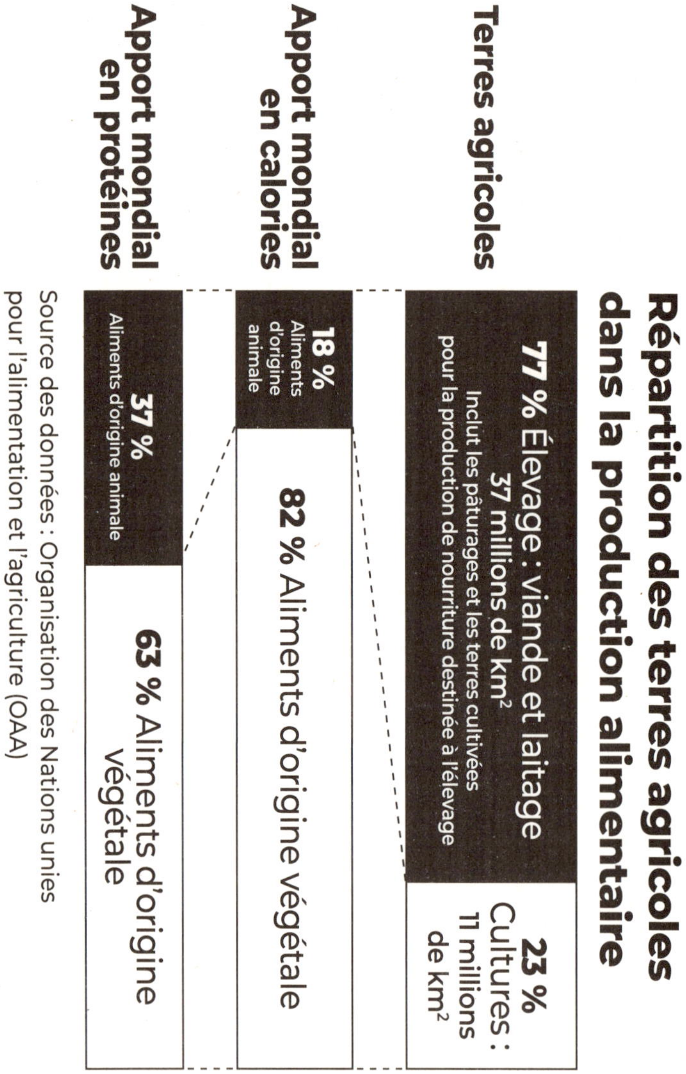
Répartition des terres agricoles dans la production alimentaire
Terres agricoles
77 % Élevage : Viande et laitage
37 millions de km²
Inclut les pâturages et les terres cultivées pour la production de nourriture destinée à l'élevage
23 % Cultures : 11 millions de km²
Apport mondial en calories
18 % Aliments d'origine animale
82 % Aliments d'origine végétale
Apport mondial en protéines
37 % Aliments d'origine animale
63 % Aliments d'origine végétale
Source des données : Organisation des Nations unies pour l'alimentation et l'agriculture (OAA)

Quand Sandrine Rousseau fait le lien entre consommation de viande et incendie sur Twitter, le 23 juillet 2023, en écrivant que « la consommation de viande est une des causes de ce qui se passe en Algérie, Espagne, Grèce, Chine, Arizona et partout », elle a raison, d'une part – n'en déplaise aux centaines de cyberharceleurs qui l'ont attaquée et aux réactions et débats lunaires sur les plateaux télé –, et d'autre part, la députée écologiste aurait même pu aller encore plus loin et mentionner l'impact sur la biodiversité. Le ravage de la forêt amazonienne, au-delà des arbres et du carbone, c'est un habitat pour des dizaines de milliers d'espèces vivantes qui est détruit.

« Ouais mais les végétariens aussi, vous contribuez à la déforestation avec vos steaks de soja, alors ! »

Cette invective fictive – mais que je me permets ici de rapporter tant sa probabilité d'être prononcée par une personne de votre entourage est réelle – est à tempérer. Les chiffres varient mais une part considérable du soja cultivé est bel et bien consommée par les animaux. Et il est bien plus simple d'avoir de la transparence sur l'origine des produits « végétariens » à base de soja que de demander à son boucher quels étaient exactement les repas de l'animal avant qu'il aille se faire zigouiller à l'abattoir.

En faisant mes courses un après-midi dans le supermarché en bas de chez moi, j'en ai profité pour mener l'enquête. En Sherlock Holmes du dimanche, j'ai troqué son chapeau et sa pipe contre un tote bag pour constater qu'il y a bien du soja français dans les rayons, mais pas uniquement, c'est vrai. Les steaks Sojasun et Céréal Bio, par exemple, font office de bons élèves, la provenance est clairement indiquée sur le devant du paquet. En revanche, il faut le souligner, de nombreux produits entretiennent le flou (Bjorg, Garden Gourmet, marque distributeur…), vantant les bienfaits d'une alimentation végétale sans spécifier l'origine de la légumineuse. Spontanément, j'aurais tendance à supposer que si rien n'est précisé, c'est que la provenance n'est pas glorieuse. J'ai contacté les différents services de presse de ces entreprises, j'attends toujours leur réponse – seule Garden Gourmet m'a répondu, indiquant : « la majeure partie des matières premières provient des pays de l'Union européenne et le reste vient des États-Unis et du Canada ». Les produits Heura, au packaging jaune qui se démarque visuellement de ses concurrents, taisent eux aussi l'origine du soja. La marque fournit tout de même une indication sur son site Internet : « Notre soja est à identité préservée » mais il « provient de cultures qui n'encouragent pas la déforestation », sans plus de détails. Enfin, tout en bas à droite dans la vitrine réfrigérée, le bacon végétal et les « faux » lardons La Vie Foods sont composés à 90 % de soja européen.

Je note toutefois que d'autres marques qui proposent des substituts végétaux à la viande, comme HappyVore ou Accro, se passent complètement du soja dans leurs produits.

Résultat des courses : pour manger végé sans déforester l'Amérique du Sud, il faut faire preuve d'une certaine vigilance.

La destruction des habitats, ce n'est pas uniquement la déforestation, elle est également due à l'artificialisation des sols. Entre 2006 et 2015, la France a perdu plus d'un demi-million d'hectares de terres agricoles et d'espaces naturels[71]. Ici, notre responsabilité est bien plus évidente : l'extension des villes entraîne une bétonisation des terres. Des quartiers ou des zones commerciales vont apparaître à la place de champs ou sur des terrains qui étaient jusqu'alors marécageux. Des endroits où foisonne le vivant.

Et généralement, histoire de ne pas faire les choses à moitié, de nouvelles routes sont créées, ce qui a pour conséquence additionnelle de

71. Observatoire national de la biodiversité, « La nature sous pression. Pourquoi la biodiversité disparaît ? », bilan 2019. https://naturefrance.fr/sites/default/files/2020-05/bilan_2019_onb_compressed.pdf

fractionner l'habitat de la petite faune (insectes, batraciens, reptiles…). C'est ce qui est notamment mis en cause par des associations et les écologistes dans le projet d'autoroute Toulouse-Castres. Au-delà de sa dimension anachronique et climaticide, la question des répercussions sur la biodiversité est – à juste titre – omniprésente. Le chantier, du fait de sa surface, peut sembler anodin : 53 kilomètres de deux fois deux voies. Mais il représente 300 à 400 hectares de terres agricoles, de zones humides, de forêts recouvertes d'asphalte et des platanes centenaires abattus – tout cela pour une autoroute qui suit à peu près le tracé d'une route nationale, qui fait gagner quinze à vingt minutes pour les usagers moyennant environ 20 euros de péage !

C'est la multiplication de projets a priori anodins comme celui-ci qui participe activement à l'effondrement du vivant. 50 kilomètres de route par-ci, une zone pavillonnaire par-là et puis un entrepôt pour une multinationale américaine du e-commerce, et on se retrouve en plein dans la sixième extinction de masse. Et je vous vois venir, rétorquant que la croissance démographique nous pousse à toujours plus construire. Sachez que les surfaces bâties augmentent trois fois plus vite que la population française (1,5 % par an entre 1981 et 2012 contre 0,5 %)[72], ce qui signifie que nous nous étalons plus que nécessaire.

Après tout cela, nous pourrions nous dire que, ça y est, nous avons fait le tour des différentes pressions sur la biodiversité, elle a bien assez morflé comme ça. Eh bien non. L'Égypte avait ses dix plaies, le vivant en a cinq : destruction des habitats, réchauffement climatique, espèces envahissantes, pollution et surexploitation des espèces. Je vais passer rapidement sur cette dernière car il n'y a pas besoin de vous faire un dessin pour que vous compreniez que la surpêche, par exemple, nuit à la biodiversité et met en danger des espèces – nous remarquerons qu'une nouvelle fois notre alimentation pose un problème.

J'en reviens à la diminution progressive et conséquente des insectes pollinisateurs ; à titre personnel, c'est ce qui me fait le plus paniquer. Mon rôle, avec cet ouvrage, n'est pas d'être alarmiste ou catastrophiste, simplement de m'en tenir aux faits et à la vérité scientifique. Et il me semble judicieux d'évoquer leur cas une dernière fois, sous le prisme de deux menaces qui pèsent

72. Agreste, « L'utilisation du territoire en 2018 », Enquêtes Teruti 2017-2018-2019, septembre 2022. https://agreste.agriculture.gouv.fr/agreste-web/download/publication/publie/Chd2211/cd2022-11_teruti_2018.pdf

lourdement sur eux – et sur le vivant en général –, deux récits qui s'entremêlent.

La première histoire est ancienne, c'est celle de la pollution. Vous connaissez sans doute, comme moi, celle causée par le plastique, avec des déchets qui peuvent être microscopiques et qui bouleversent les écosystèmes marins, des tout petits planctons aux gros cétacés. En ce qui concerne les pollinisateurs, le risque vient des pesticides et des herbicides.

Rachel Carson, une scientifique américaine, est la première à s'alarmer et à alerter, dès 1962, sur ces substances néfastes pour la biodiversité et la santé humaine – aujourd'hui, elle serait considérée comme une lanceuse d'alerte. Elle publie *Printemps silencieux*, un ouvrage au retentissement considérable, dont le titre s'explique par le fait que l'autrice imagine que, sous l'effet des produits chimiques utilisés par l'agriculture intensive et dans un monde dévasté par nos actions, nous n'entendrons plus les oiseaux chanter. « Nous avons vu contaminer le sol, les eaux et les aliments, priver de poissons les rivières, d'oiseaux les jardins et les campagnes désormais silencieuses. L'homme, ne lui en déplaise, appartient lui aussi à la nature. Comment pourrait-il échapper à une pollution si complète du monde entier ? », écrit-elle. Malgré les tentatives des lobbies de l'agro-industrie pour la discréditer, elle et son travail, ce livre a largement contribué à l'interdiction aux États-Unis du DDT, un pesticide qu'elle met en cause, dix ans après sa parution.

Aujourd'hui, les insecticides sont bien plus toxiques que le DDT ; les tentatives de désinformations sur les pesticides continuent et, pendant ce temps, au fil des épandages, ces molécules restent dans nos sols et continuent à agir, à collaborer à l'effondrement de la biodiversité.

C'est en particulier le cas des néonicotinoïdes, des insecticides qui agissent sur le système nerveux des insectes « nuisibles » dans les cultures pour les tuer. Le souci étant qu'ils sont diablement efficaces contre tout un tas d'autres êtres vivants, comme les abeilles. Les néonicotinoïdes jouent un rôle notable dans l'extinction des insectes tant leur utilisation est répandue – leurs ventes représentaient 34 % du marché français des insecticides en 2016. Les études scientifiques ont pourtant bien démontré l'extrême toxicité de ces produits chimiques, qui se diffusent dans le sol pour se retrouver, au bout d'un certain temps, au-delà des zones traitées initialement avec le produit. Ils seront finalement interdits en France et en Europe en 2018 mais, jusqu'à fin 2022, les producteurs français de betteraves sucrières ont bénéficié d'une dérogation.

Déjà affaiblis par les pesticides et herbicides, comme le glyphosate – et plus largement par les différentes pollutions –, les insectes pollinisateurs ont vu plus récemment apparaître une autre menace. Cette deuxième histoire est digne d'un épisode de l'émission *Faites entrer l'accusé*. Après le générique reconnaissable entre mille, Christophe Hondelatte, tout de noir vêtu dans son studio sombre, est de dos, face au mur, qui est tapissé de photos en noir et blanc du criminel et d'articles de journaux relatant ses méfaits. Il se retourne brusquement, pointe son index sur un portrait punaisé au mur et se met à parler, l'air grave :

« Le frelon asiatique ou frelon à pattes jaunes… il a fait des dizaines de milliers de victimes. C'est ce que l'on appelle une espèce envahissante. Papillons, mouches, guêpes et, surtout, abeilles… Il les tue pour nourrir ses petits. »

Hondelatte s'avance et s'assoit à son bureau, sans lâcher la caméra des yeux.

« Cet insecte est inarrêtable depuis son arrivée en France, en 2003. Le frelon asiatique se serait introduit en douce dans des cartons de poteries chinoises, avant de débarquer chez un horticulteur du Lot-et-Garonne. »

Bon, Christophe, tu ne m'en voudras pas mais j'ai contacté Claire Villemant pour prendre le relais. Cette entomologiste – aujourd'hui à la retraite –, attachée honoraire au Muséum national d'histoire naturelle, a été directement impliquée sur les premières observations du frelon asiatique en France.

Le producteur de bonzaïs du Sud-Ouest commande depuis des années des pièces qui proviennent de la province du Yunnan. À l'été 2004, il aperçoit des frelons de couleur brune. Rebelote à l'automne, il tire au fusil sur deux nids. On n'est jamais trop prudent. Mais ces frelons reviennent à chaque fois. Alors, deux ans plus tard, il en capture, les fait identifier.

« Lors du déplacement qu'il avait effectué en Chine pour acheter les poteries, il avait vu les mêmes frelons et les mêmes nids. » Il devait y avoir un petit bonus dans la commande... « Ce sont des pots de fleurs destinés aux bonzaïs qui sont placés les uns dans les autres, comme des poupées gigognes, le tout bien ficelé, qui sont stockés dans des hangars plus ou moins ouverts, m'explique Claire Villemant, qui s'est rendue sur place pour collecter des frelons. S'il y a des nids à proximité, les femelles, au moment de l'hibernation, vont chercher des fissures pour se cacher et hiberner. Il est ainsi très probable que quelques-unes aient pu se faufiler entre deux pots pour partir en voyage à travers le monde, même s'il n'y a pas de preuve définitive que ça se soit passé exactement comme cela. »

Les travaux des généticiens du CNRS ont montré qu'il était vraisemblable qu'une seule femelle – fécondée par plusieurs mâles – soit à l'origine de toute la population présente en France et, plus largement, en Europe. C'est peu, très peu, mais suffisant, à condition que l'acclimatation soit favorisée par tout un tas de coïncidences. « Le transport de la marchandise par bateau ne durant qu'un mois, la survie d'une femelle fécondée à l'intérieur des cartons a pu se faire sans problème si ces derniers ont été expédiés au cours de la période hivernale[73] » et que les cartons ont été ouverts au printemps, moment où les futures reines fondent leur colonie. C'est ce qui s'est produit.

L'invasion du frelon asiatique a alors commencé. En France d'abord, puis dans le reste de l'Europe très rapidement. Espagne, Portugal, Belgique, Italie, Allemagne, Angleterre, Pays-Bas… Des frelons asiatiques ont été aperçus dans tous ces pays. Il s'y adapte bien car il est originaire d'une région tempérée de Chine. Et l'expansion de cette espèce envahissante n'est pas encore terminée.

En soi, son apparition pourrait ne pas être un problème. L'espèce aurait très bien pu faire sa vie de son côté, tranquillement, sans bouleverser outre

---

73. Claire Villemant, Jean Haxaire et Jean-Claude Streito, « Premier bilan de l'invasion de *Vespa velutina* Lepeletier en France (Hymenoptera, Vespidae) », *Bulletin de la Société entomologique de France*, 111, (4), 2006. https://inpn.mnhn.fr/docs/Vespa_velutina/Villemant%20et%20al%202006%20BSEF.pdf

mesure les autres espèces qu'elle côtoie quotidiennement. Mais ça ne se passe pas du tout comme ça : le frelon asiatique attaque de nombreux insectes, dont les abeilles sauvages et surtout les domestiques, en s'attaquant aux ruches. En Asie, les abeilles locales savent se défendre contre lui, mais pas nos européennes – ou encore trop peu. Et si le frelon prospère autant sur nos terres, c'est qu'il n'a aucun prédateur. Il peut ainsi vaquer à ses occupations et envahir l'Europe sans véritablement être gêné, tant que les abeilles ne mettent pas en place des mécanismes de défense efficaces.

Comment protéger la biodiversité ?

L'analyse de l'IPBES est limpide et sans surprise : nous ne sommes pas sur une trajectoire propice à la conservation de la nature. Si nous souhaitons endiguer cette crise du vivant, « des changements en profondeur sur les plans économique, social, politique et technologique [sont] nécessaires[74] ». En d'autres termes, les écogestes c'est bien gentil mais les États, les gouvernements,

---

74. IPBES, eds : Sandra Díaz, Josef Settele, Eduardo Brondízio, Hien T. Ngo, Maximilien Guèze, John Agard, Almuth Arneth, Patricia Balvanera, *et al.*, « The Global Assessment Report on Biodiversity and Ecosystem Services », Summary for policymakers, 2019.
https://zenodo.org/records/3553579

les pouvoirs publics et les entreprises ont une responsabilité majeure. À l'image de l'interdiction européenne des néonicotinoïdes en 2018, l'arme législative est fondamentale. Mais elle est encore bien trop peu utilisée. La France, quand elle fait un petit pas en avant – avec la loi zéro artificialisation nette adoptée en 2023, par exemple, qui prévoit de protéger les espaces agricoles et naturels de la bétonisation –, en fait aussi deux, trois voire quatre en arrière. Nous l'avons vu, elle instaure une dérogation au bannissement des néonicotinoïdes ou, plus récemment, elle publie, comme tous les trois ans, sa nouvelle liste des « espèces susceptibles d'occasionner des dégâts » – non, il ne faut plus dire « nuisibles », ce n'est pas parce qu'on peut leur « fumer la gueule » à la chasse que la terminologie ne doit pas les respecter un minimum – qui ne prend pas en compte la place de ces animaux dans les écosystèmes.

Feu à volonté sur ces espèces et les services écosystémiques qu'elles nous rendent :

– Le geai des chênes, considéré comme l'un des principaux planteurs d'arbres et qui, d'après la Ligue pour la protection des oiseaux, « possède sous son bec une petite poche capable de transporter des glands qu'il dissimule à l'automne un peu partout sur son territoire, afin de constituer des réserves de nourriture pour l'hiver. Ceux qui ne sont pas consommés deviennent au printemps de nouveaux chênes ». Il est d'ailleurs protégé au Royaume-Uni depuis les années 1980.

– La belette qui « joue un rôle essentiel dans la régulation des rongeurs ».

– Le corbeau freux, « grand consommateur de larves de hannetons qui font de véritables ravages dans les plantations de légumes ».

Et il y a aussi la fouine, le renard, la corneille noire, la martre, la pie bavarde, ainsi que l'étourneau sansonnet. Seul le putois peut respirer : il a été retiré de la liste, en comparaison avec celle de 2019.

Outre les lois, qui doivent aller dans le bon sens, de l'avis des scientifiques, il y a la nécessité de créer des espaces protégés – comme les parcs nationaux –, de restaurer les espaces qui ont été pollués / modifiés par les humains, réorganiser l'économie et les systèmes de production – à commencer par l'agriculture – et, plus globalement, réduire les cinq pressions sur la biodiversité (je me permets de les rappeler, pour les plus distraits d'entre vous : destruction des habitats, surexploitation des espèces, espèces invasives, pollutions et réchauffement climatique). Pour les deux derniers points, nous avons un rôle à jouer. À l'instar de l'action individuelle pour le climat, il existe des gestes utiles en faveur de la protection de la biodiversité. Par ailleurs, ils contribuent au déploiement de politiques publiques ambitieuses. C'est important que la population s'empare de ces sujets, s'y montre majoritairement favorable afin de déclencher un volontarisme politique.

J'ai passé le premier confinement dans l'appartement de ma compagne, en banlieue parisienne. Je fais partie de celles et ceux qui ont eu de la chance, je ne suis pas tombé malade, j'avais un toit sur la tête, de l'espace, j'ai relativement bien vécu ces moments hors du temps. En bon hypocondriaque que je suis, je n'ai dû quitter l'immeuble que trois ou quatre fois et je n'ai pas pris le temps de scruter minutieusement les alentours, pour essayer d'apercevoir des animaux sauvages qui en règle générale ne s'aventurent pas dans la ville. Non, je fonçais tête baissée vers le supermarché, n'inspirant qu'une fois sur deux – tiens, peut-être une réminiscence de mes trajets en voiture devant la centrale du Tricastin ? – et ne pensais qu'à retourner dans l'appartement au plus vite. Je n'ai ainsi pas vu directement la nature « reprendre ses droits », mais j'ai regardé plusieurs reportages à la télévision qui s'en faisaient l'écho. Des canards qui se promènent sur les quais de Seine à Paris, des renards en centre-ville, le chant des oiseaux de nouveau perceptible. La preuve finalement que lorsque les pressions sur le vivant cessent, la régénération peut aller vite. Il faut compter en années pour que des espèces reprennent du poil de la bête, bien sûr, mais tant qu'il n'y a pas d'extinction, il y a de l'espoir.

Mais que faire à notre niveau ? J'ai envie de vous dire « on prend les mêmes et on recommence », notamment avec la valeur sûre absolue : réduire notre consommation de viande. Manger moins de protéines animales contribue à lever des pressions sur les forêts en passe d'être rasée pour devenir des champs de soja et permet de libérer des champs de maïs utilisés pour nourrir le bétail – généralement bombardés de pesticides. Ne jetons toutefois pas le veau avec l'eau du bain, il n'y a pas d'injonction à devenir végane, simplement une recommandation de mieux manger. Moins de viande, cela signifie manger de la meilleure viande, locale, provenant d'un élevage à taille humaine, qui broute l'herbe d'une prairie. Ces espaces aussi doivent farouchement être protégés, ils sont des gîtes de biodiversité très importants.

N'est-il pas dommage, voire absurde, de remplacer la viande ou d'en accompagner un morceau éthique par des légumes ou des légumineuses venant de l'autre bout de la planète et bourrés de pesticides ? Des aliments de saison, idéalement locaux, bio ou en agriculture raisonnée – c'est-à-dire qui utilisent le moins d'intrants possible – sont ceux qui participent à la protection du vivant, en limitant la quantité de pesticides utilisés. Ces produits chimiques sont une des causes de l'effondrement de la biodiversité dans son ensemble, et le facteur majeur de la disparition des insectes. Et ils ne sont pas la condition *sine qua none* à une production suffisante pour nourrir la planète. Le CNRS a mis en place des « zones ateliers », des lieux où chercheurs et agriculteurs travaillent ensemble depuis plusieurs décennies. Les effets de l'agriculture sur la biodiversité, ainsi que ceux de la biodiversité sur la production agricole y sont notamment étudiés. Dans une interview pour *CNRS Le Journal*, le biologiste Vincent Bretagnolle explique que « des expérimentations menées avec 130 agriculteurs depuis dix ans ont montré que réduire de 30 à 50 % les engrais et pesticides ne baisse pas significativement les rendements, et augmente le revenu des agriculteurs par réduction des charges[75] ». Par ailleurs, une importante étude française montre qu'une agriculture sans pesticides chimiques pour l'Europe en 2050 est tout à fait possible[76]. La production en calories varie de - 5 % à + 12 %, bien loin donc de l'idée reçue d'une diminution drastique des

75. Gaël Hautemulle, entretien avec Vincent Bretagnolle, « Dans les Deux-Sèvres, un laboratoire dans les champs », *CNRS Le Journal*, 9 juin 2023.
https://lejournal.cnrs.fr/articles/dans-les-deux-sevres-un-laboratoire-dans-les-champs

76. Olivier Mora, Jeanne-Alix Berne, Jean-Louis Drouet, *et al.*, « Prospectives : Agriculture européenne sans pesticides chimiques en 2050 », résumé, INRAE, mars 2023.
https://www.inrae.fr/sites/default/files/pdf/INRAE_prospective2050_FR_WEB-page.pdf

rendements – et tous ces scénarios permettent au passage de réduire les émissions de gaz à effet de serre, un petit bonus bien sympathique.

Si, en plus, nos assiettes et nos réfrigérateurs se vident des poissons victimes de surpêche – merlu de Méditerranée, cabillaud de mer du Nord et de mer Celtique, sardine du golfe de Gascogne, maquereau de l'Atlantique[77]... – nos régimes alimentaires auront agi sur les cinq facteurs qui pèsent sur la biodiversité. La viande pour lutter contre la destruction des habitats et le réchauffement climatique, le poisson pour la surexploitation des espèces, le bio contre la pollution aux pesticides, et le local pour se prémunir des espèces envahissantes. Je peux ajouter à cela une réduction des déchets et, surtout, bannir le plastique à usage unique.

Si je dézoome un peu, j'arrive au niveau de l'habitation et elle aussi a une incidence négative sur la biodiversité. À moins de vivre dans une tente et de changer chaque semaine son emplacement, des sols sont artificialisés afin de construire nos logements. Une pratique respectueuse du vivant est de ne pas encourager l'étalement urbain, ne

---

77. Ifremer, « Diagnostic 2022 sur les ressources halieutiques débarquées par la pêche française hexagonale », janvier 2023. https://peche.ifremer.fr/content/download/165644/file/Diagnostic_2022_débarquements_français_Vdef.pdf

pas investir dans ces quartiers en périphérie des villes qui poussent comme des champignons. Il est également bienvenu de débétonner des sols qui pourraient l'être sans pour autant nuire à votre qualité de vie, comme une allée ou une terrasse.

Et à celles et ceux qui ont la chance de posséder un jardin, laissez-le vivre, ensauvagez-le ! Un gazon dense, bien vert et coupé à ras c'est esthétique mais en rien naturel. Alors que les hautes herbes et les fleurs sont précieuses pour la biodiversité.

Chapitre 5

Le futur ne ressemblera pas à la science-fiction

La technologie ne nous sauvera pas

Le futur, dans mon esprit, avait des airs de *Cinquième Élément* et de *Star Wars*. Beaucoup de métal, d'informatique, de virtuel et, bien évidemment, des voitures volantes. Il faut bien dire qu'entre les progrès fulgurants de l'intelligence artificielle – ChatGPT sera certainement capable de choses dont je n'aurais même pas imaginé l'existence en écrivant ces mots –, les premiers taxis volants lors des jeux Olympiques de Paris 2024 et nos smartphones dotés de toujours plus de fonctionnalités, la voie vers un futur ultratechnologique semble toute tracée.

Enfant, je me rappelle très bien – et je vous assure que ce souvenir est véridique –, je jouais dans une chambre au fond de la maison de mon arrière-grand-mère, avec un faux téléphone. Et je prétendais pouvoir voir la personne en même temps que je l'appelais. C'était complètement fou. Une dizaine d'années plus tard, l'iPhone est sorti et, en plus de voir son interlocuteur, on peut également toucher une surface de verre qui s'éclaire et nous permet d'envoyer des messages, d'appeler, de prendre des photos…

Cependant, la crise écologique remet en question mes certitudes quant à l'avenir. Les luttes contre le réchauffement climatique et l'effondrement de la biodiversité vont-elles stopper notre course effrénée au progrès ?

Je sais que j'ai écrit que l'avion ce n'est pas bien, qu'il faut repenser notre façon de voyager et que le train offre tout de même de superbes horizons, mais je ne le fais pas de gaieté de cœur. Mon rêve de découvrir l'Amérique centrale et l'Amérique du Sud s'envole. Alors, pour continuer à y croire, il m'est offert la possibilité d'avoir foi en l'être humain et son cerveau. Nous nous sommes mis tous seuls comme des grands dans cette situation chaotique, pourquoi ne pourrions-nous pas en sortir ?

Même s'il a perdu de sa superbe, nous avons en France l'un des poids lourds de l'aviation mondiale et des ingénieurs, que j'imagine brillants. Airbus planche – mais n'est pas le seul – sur des avions « verts », qui ne pollueront soi-disant plus ou beaucoup moins. Le constructeur assure qu'un avion de ligne fonctionnant uniquement à l'hydrogène sera prêt pour 2035. Sur le papier, cela a tout d'une bonne nouvelle. D'autant que, d'ici là, les SAF (« carburants durables d'aviation », fabriqués à base d'huile de cuisson usagée par exemple) vont continuer à être développés et ainsi réduire l'empreinte carbone de nos déplacements dans les nuages. C'est donc tout un tas de technologies qui pourraient nous permettre de continuer de vivre « comme avant », comme si de rien n'était.

Mais cela ne fonctionne que sur le papier et dans la bouche des communicants. Admettons que le pari technologique et industriel d'Airbus soit gagné – ce qui n'est pas assuré – et qu'en 2035 l'avion à hydrogène voie le jour, que se passe-t-il entretemps ? Et imagine-t-on un seul instant que toute la flotte d'engins alimentés au kérosène soit aussitôt détruite ? D'autant que l'appareil « vert » promis par le fabricant français n'est pas un long-courrier. Seules les petites distances seront concernées par la décarbonation grâce à l'hydrogène.

Le trafic aérien a retrouvé en 2023 son niveau record d'avant Covid, et les prévisions tablent sur le triplement des vols en 2050 – année où, je me permets de le rappeler, nous sommes censés atteindre la neutralité carbone, afin de limiter le réchauffement climatique à 2 °C maximum et garantir des conditions de vie acceptables à l'espèce humaine sur Terre. Cet avenir « radieux » pour le secteur aérien dope logiquement les commandes. En juin 2023, Airbus a signé le plus grand contrat de l'histoire de l'aéronautique : 500 avions, vendus à IndiGo, une compagnie indienne. Ces appareils, des A320neo, précise le fabricant européen sur son site Internet, offrent « une réduction de consommation de kérosène et des émissions de CO_2 de 20 % » en comparaison avec des A320 « classiques ». Ce sont tout simplement, toujours d'après Airbus, des « performances environnementales exceptionnelles ». Cette formulation est pour le moins floue, limite mensongère, en tout cas trompeuse. Le GIEC insiste bien sur l'importance et l'urgence de sortir des énergies fossiles – le kérosène en est une – et toutes les commandes passées par des compagnies repoussent toujours plus cet objectif ambitieux. IndiGo devrait recevoir ses 500 avions entre 2030 et 2035 et, en moyenne, des avions de ligne volent vingt à vingt-cinq ans. Si nous suivons ce raisonnement, la compagnie indienne pourrait brûler encore du kérosène jusqu'en 2060, au moins. On a fait plus exceptionnel en matière de performances environnementales.

Le salut ne viendra pas non plus des SAF. Les eurodéputés et les États membres de l'Union européenne se sont mis d'accord, en avril 2023, pour imposer un taux minimum de ces carburants dans les avions (2 % d'ici à 2025, puis une augmentation progressive pour atteindre 70 % d'ici à 2050[78]), mais si le trafic explose, les émissions globales du secteur augmenteront tout de même. Tout est question de volume.

Pour que l'aviation fasse sa transition écologique et soit en phase avec nos objectifs climatiques, elle n'a d'autre choix que de réduire le nombre de vols.

Cette vision « techno-solutionniste » de la crise écologique est ardemment défendue par la droite. Éric Ciotti, qui n'était alors que candidat à la présidence des Républicains, était invité sur la chaîne YouTube Livre Noir, un média d'obédience d'extrême droite, en octobre 2021. « Il y a aujourd'hui un sujet environnemental que, personnellement, je ne contesterai jamais. On voit bien qu'il y a une modification du climat. » Ça commence très bien, Éric, comme quoi, on peut sortir des postures politiciennes et assumer une position si elle est scientifiquement juste et pleine de bon sens. Bravo. Et de poursuivre : « Je répondrai à la crise climatique par le progrès, la science, le nucléaire, l'hydrogène. C'est ça qu'il faut porter,

78. Commission européenne, « Accord sur une nouvelle législation visant à réduire les émissions du secteur de l'aviation », 26 avril 2023.

pas simplement ces lubies vertes, ces adeptes du wokisme, ceux qui n'aiment ni le Tour de France, ni la viande, ni les sapins de Noël. Qu'est-ce que ça a à voir avec l'environnement ? C'est ridicule, c'est de l'idéologie, du sectarisme pur. » OK, j'ai parlé trop vite. Et tout le parti suit cette ligne. David Lisnard, maire de Cannes, président de l'Association des maires de France et ne cachant pas ses ambitions présidentielles, croit lui aussi en ces « scientifiques qui nous montrent des voies de progrès[79] ».

Mais qu'en dit la science elle-même ? Qu'il ne faut justement pas trop compter sur les innovations technologiques. L'état des connaissances actuelles ne permet pas de miser ni à court ni à moyen terme sur une invention miracle qui réglerait nos problèmes en quelques années. Le GIEC souligne l'utilité de certains dispositifs : la captation de carbone ainsi que des gains d'efficacité énergétique, sur les voitures par exemple, qui peuvent être tirés d'innovations, mais sans pour autant ériger la technologie comme la réponse entière au problème[80], ni même comme l'axe majeur. Sans sobriété, sans repenser

79. Émission « Quotidien », TMC, 14 mars 2023.
80. IPCC, eds : Priyadarshi R. Shukla, Jim Skea, Andy Reisinger, *et al.*, « Climate Change 2022 : Mitigation of Climate Change », Working Group III to the Sixth Assessment Report of the Intergovernmental Panel on Climate Change, Summary for policymakers, 2022.
https://www.ipcc.ch/report/ar6/wg3/downloads/report/IPCC_AR6_WGIII_SummaryForPolicymakers.pdf

nos modes de vie, ça ne marchera pas. Voilà ce que disent véritablement les scientifiques du monde entier.

Les humains pourront-ils s'adapter au réchauffement climatique ?

L'humanité en a vu des vertes et des pas mûres. En trois cent mille ans, elle a appris à maîtriser le feu, a évolué dans des environnements hostiles, entourée de prédateurs, et a toujours triomphé. Des humains arrivent à vivre aujourd'hui sous un climat polaire, d'autres, à l'inverse, sous des chaleurs intenses. Pour en arriver là, nous avons traversé des épidémies, comme la peste noire qui aurait décimé entre 75 et 200 millions de personnes au XIVe siècle, des guerres mondiales, des tsunamis, des famines… bref, notre espèce est coriace. Même récemment, avec la pandémie de Covid-19 : ça ne nous a pas fait plaisir au début, mais nous avons rapidement développé de nouveaux automatismes : rester confiné chez soi pendant de longues semaines, mettre un masque, restreindre nos déplacements, etc.

Alors, la tentation de s'interroger sur notre capacité à affronter le futur est grande. « Oui, le réchauffement climatique, c'est une réalité bien sûr, mais est-ce si grave, au fond ? Tu ne serais pas un peu alarmiste, Lucas ? On s'est toujours adaptés, on va continuer ! » Et je peux le comprendre. Mais, comme le rappelle Magali Reghezza-Zitt, géographe et membre du Haut Conseil pour le climat entre 2019 et 2023, « ceux qui disent que “de toute façon l'Homme s'est toujours adapté” minimisent les bouleversements que les sociétés humaines ont subi lors des variations naturelles passées du climat[81] ». À la fin du XVIIe siècle et au début du XVIIIe, par exemple, lors du « petit âge glaciaire » qui a touché l'Europe, plusieurs millions de personnes sont mortes. Les historiens évoquent 1,3 million de décès en France pour la seule période 1693-1694. Une hécatombe causée par de calamiteuses récoltes, à la suite de pluies abondantes au printemps et d'un hiver 1692 particulièrement rude. Quelques années plus tard, en 1709, rebelote, 600 000 morts dus notamment au froid et à la malnutrition. Tout le monde n'a pas péri, mais tout le monde n'a pas pu s'adapter. Les enfants, les personnes âgées et les plus pauvres sont les plus exposés, les plus vulnérables.

Et ce n'est pas parce que nous avons survécu jusqu'ici qu'il en sera forcément de même pour chaque épreuve à laquelle nous serons confrontés. « L'espèce humaine sait s'adapter mais, attention, les transitions antérieures se sont faites sur des

81. BonPote, Anne Brès et Claire Marc, *Tout comprendre (ou presque) sur le climat*, CNRS Éditions, 2022.

milliers d'années. Le changement climatique que nous connaissons aujourd'hui est d'une brutalité inouïe dans l'histoire de l'évolution[82] », explique le paléoanthropologue et maître de conférences au Collège de France Pascal Picq, dans une interview pour *Ouest-France*. Ce qui signifie que nous n'arriverons pas à nous adapter biologiquement à la crise écologique, un tel processus nécessite des siècles et des siècles. Nous n'avons pas ce temps.

Il ne nous reste alors plus que la technologie et l'ingénierie pour nous en sortir. À l'instar du rôle que vont jouer les innovations dans la lutte contre le changement climatique, elles ne suffiront pas – loin de là – pour atténuer toutes les conséquences du phénomène. Il est impossible de protéger près de 10 milliards d'individus de vagues de chaleur, de submersions, de sécheresses… L'adaptation technique et technologique est nécessaire afin de limiter certains effets de la crise climatique, mais elle ne doit pas servir d'excuse pour justifier l'inaction.

Toutefois, pour Pascal Picq, « l'espèce humaine en tant que telle survivra forcément. Mais la question est de savoir combien d'êtres humains, et dans quelles conditions ».

---

82. Émile Benech et Alice Daudrix, « Réchauffement climatique : "L'humanité survivra… mais dans quelles conditions ?" », entretien avec Pascal Picq, *Ouest-France*, 24 juin 2023.

Comment enclencher une transition écologique de la société ?

« On est attachés à la bagnole, on aime la bagnole et moi je l'adore[83]. » Ce n'est clairement pas avec ce genre de déclarations émanant d'un président de la République que la question écologique va susciter l'adhésion de la population et s'imposer comme une évidence.

D'ailleurs, aimons-nous réellement la voiture ? Entre le crédit pour l'acheter, l'essence, les réparations, le contrôle technique… c'est un gouffre financier qui pèse lourdement dans le budget des ménages. Plus de 4 500 euros par an en moyenne, selon les calculs du média Bon Pote. Pourtant, peu sont celles et ceux qui peuvent se payer le luxe de s'en passer. Comment faire lorsqu'on habite dans un milieu rural ou périurbain, par exemple ? Vous n'avez pas d'autre choix que de prendre votre véhicule tous les jours, comme vos voisins, comme tous les habitants de votre commune. Vous vous retrouvez ainsi avec eux, quotidiennement, sur les mêmes routes, aux mêmes horaires, et vous perdez un temps monstre dans les embouteillages. 218 heures passées dans les bouchons en une année à Bordeaux, 154 à Rouen, 137 à Strasbourg, 114 à

83. Interview d'Emmanuel Macron le 24 septembre 2023 sur TF1 et France 2.

Saint-Étienne[84]. Au-delà d'un prétendu amour que nous pourrions avoir, nous sommes en premier lieu dépendants de nos voitures. En dehors des grandes agglomérations, les transports en commun sont, au mieux, mal organisés, avec des horaires de passage trop espacés. Non, nous n'aimons pas intrinsèquement la voiture ; l'urbanisme de nos villes et les milliards de francs, puis d'euros dépensés en publicité par les constructeurs automobiles – avec la glorification des grosses bagnoles et de la vitesse, des vrais trucs de mecs bien virils – nous ont simplement persuadés de cela. Ne nous laissons plus berner.

Même s'il n'y a aucun mal à aimer sa « bagnole » après tout, avec modération, il faut créer un cadre favorable à la sortie du « tout-voiture », donner une impulsion. Il aurait été bienvenu, par exemple, qu'Emmanuel Macron ponctue sa phrase d'un « tout comme j'adore le vélo pour me déplacer en ville et je trouve le train formidable pour faire de plus longues distances ». Il n'y aura pas de transition écologique sans une réduction drastique des émissions de gaz à effet de serre des transports, qui est le secteur le plus polluant en France[85].

---

84. TomTom Traffic Index 2023.
85. CITEPA, « Émissions de gaz à effet de serre en France : estimations provisoires sur l'ensemble de l'année 2022 », 2 mai 2023.
https://www.citepa.org/fr/2023_04_a03/

Ce changement de paradigme doit s'opérer également sur notre nourriture. Là encore, un coup de pouce du chef de l'État lors d'une allocution serait appréciable : « On n'a jamais dit "la barbaque, finito", en revanche, c'est vrai que nos concitoyens et concitoyennes devraient, et je le fais moi-même, réduire leur consommation de viande. » En attendant ce jour, il va falloir réaliser que personne ne nous demande ni ne nous impose de devenir végane, qu'il n'est pas question d'un quelconque prosélytisme idéologique. Ces faits scientifiques ne sont pas, non plus, des attaques envers la virilité ou la francité. Et il faut cesser d'envoyer des photos de côte de bœuf à Sandrine Rousseau ou à Hugo Clément, la viande n'est pas la kryptonite des écolos.

La transition écologique ne deviendra concrète que si un milieu aussi abstrait que la finance fait sa part. Je l'ai vaguement évoqué précédemment, une action d'apparence simple – changer de banque – peut avoir un impact significatif : éviter que notre argent ne soutienne à notre insu le pétrole, le gaz et le charbon. Là encore, nous pouvons accomplir une partie du chemin, mais une partie seulement. Les banques, les assurances et tout le secteur doivent faire le reste.

Pour atteindre la neutralité carbone, rien de nouveau sous le soleil : nous devons nous passer des énergies fossiles. Cela signifie qu'il faut arrêter d'investir dedans et, surtout, ne plus financer d'exploration ni de nouveaux projets de centrales ou de sites d'exploitation. Nous en sommes aujourd'hui très loin. Les 60 plus grosses banques mondiales ont versé quelque 5 500 milliards de dollars aux énergies fossiles, depuis l'adoption de l'Accord de Paris, dont 669 milliards pour la seule année 2022[86]. Selon le FMI, les États ont dépensé la somme record de 7 000 milliards de dollars, en 2022, pour soutenir – nous pourrions même dire « subventionner » – la consommation d'énergies fossiles, dans un contexte de flambée des prix, à la suite de la guerre en Ukraine. Rien n'est donc fait pour stopper l'hémorragie climatique et entamer le nécessaire virage à 360 degrés.

Alors, comment faire ?

Lors d'un après-midi bien trop chaud pour un mois d'octobre, je me suis entretenu avec Lucie Pinson, la fondatrice et directrice générale de l'ONG Reclaim Finance, qui a pour objectif de « mettre la finance au service de la justice sociale et climatique ». Pour cette militante, qui en 2020 a reçu le prix Goldman pour l'environnement, qualifié par mes confrères et consœurs journalistes de « prix Nobel de l'écologie », si le secteur bancaire est coresponsable de la crise climatique

86. « Banking on Climate Chaos : Fossil Fuel Finance Report », 2023. https://www.bankingonclimatechaos.org.

– avec les entreprises qui ont généré les émissions de gaz à effet de serre –, il peut également devenir un moteur pour les solutions. « On n'aura pas de transition écologique si on ne la finance pas. »

Il serait néanmoins totalement illusoire de compter sur le secteur pour qu'il se régule tout seul, réalise l'importance de sa responsabilité et opère une transition de son propre chef. Les entreprises pétro-gazières sont bien trop rentables ! 19 milliards d'euros de bénéfice pour TotalEnergies en 2022, le plus important jamais réalisé par la compagnie française, et l'un des meilleurs de l'histoire du CAC 40. Pensant au court terme, les investisseurs vont encore être légion à investir dans le secteur. À moins que…

« Les acteurs du secteur restent des multinationales et leur réputation est leur première fragilité. Ces dernières années, s'ils ont bougé, ce n'est pas pour des questions de risque financier, c'est parce qu'ils ont une marque à défendre. »

Ce que m'indique Lucie Pinson me rappelle une scène, vécue quelques semaines auparavant, dans le métro parisien, pendant une correspondance. Je suis dans les couloirs, aux murs blancs carrelés et mon œil est soudain attiré par un panneau publicitaire. Je suis généralement pressé et je ne prends jamais le temps de freiner ma course vers le quai, comme tout bon Parisien qui se respecte. Mais là, une couleur vive me stoppe, un rose presque fluo. Sur l'affiche, il est écrit en jaune et gras : « J'aimerais limiter mon empreinte carbone sans penser à mon budget. » Le logo de BNP Paribas apparaît en bas à gauche, sous la photo d'un jeune homme avec son skate-board. Le slogan « La banque d'un monde qui change » figure également sur l'affiche, sous une petite phrase aux allures sérieuses et scientifiques : « 72 % des 18-29 ans cherchent à mieux consommer, faisons-le ensemble. »

Je vous l'ai dit plus tôt dans cet ouvrage, rien ne m'énerve plus dans la vie que le greenwashing. J'aurais pu entrer dans une colère folle tellement nous sommes en plein dedans. Au début de l'année 2023, l'image de BNP Paribas a été fortement égratignée. Elle est devenue la première banque assignée en justice pour son financement des énergies fossiles. Trois ONG – Notre Affaire à Tous, Oxfam et Les Amis de la Terre – demandent à l'établissement bancaire de cesser tout soutien envers de nouveaux projets pétroliers et gaziers. Il a par ailleurs versé, entre 2016 et 2022, plus de 165 milliards de dollars aux producteurs d'énergies fossiles[87]. Des performances dont la banque ne se vante évidemment pas et que cette contre-attaque dans le métro est probablement destinée à

87. « Banking on Climate Chaos : Fossil Fuel Finance Report », 2023.
https://www.bankingonclimatechaos.org.

faire oublier. Pour information, aux côtés de BNP sur le podium des banques françaises qui ont le plus financé les énergies fossiles depuis l'Accord de Paris, sont présents Société Générale et Crédit Agricole. BPCE, qui possède la Banque Populaire et la Caisse d'Épargne, figure en quatrième position. Depuis 2016, le groupe a alloué plus de 51 milliards de dollars et continue à soutenir l'expansion pétro-gazière.

Effectivement, la publicité de la BNP relève du greenwashing, mais elle peut être vue comme un mécanisme de défense dans l'urgence. Il y a nécessité à réagir vite, et mettre en place une campagne de publicité prend significativement moins de temps que d'élaborer un véritable plan de sortie de financement des énergies fossiles. Il existe, par ailleurs, quelques maigres bonnes nouvelles, mais qui méritent tout de même d'être citées : le Crédit Coopératif a adopté une politique d'exclusion stricte des énergies fossiles et la Banque Postale s'est engagée à ne plus financer charbon, pétrole ni gaz d'ici à 2030.

Fini pour les bonnes nouvelles. En même temps, s'il y en avait plus, tous les membres du GIEC seraient au chômage.

Outre l'atteinte à la réputation engendrée par les médias qui relaient les enquêtes et les rapports des ONG, nous, citoyens et clients des banques, avons là encore un rôle à jouer. Nous disposons de plus de 6 000 milliards d'euros d'épargne[88] ! Autant d'argent qui pourrait financer la transition écologique si nous changions d'établissement bancaire et de produits financiers. Mais il nous faut voir plus grand, l'échelle individuelle est aussi importante qu'insuffisante.

« On peut s'organiser collectivement avec ses collègues salariés, par exemple, afin d'exiger que le plan d'épargne salariale de l'entreprise ne finance pas l'aggravation de la crise climatique. »

Ou en faisant pression pour que notre entreprise change d'établissement bancaire. Faire en sorte que l'action soit collective pour qu'elle ait le plus d'impact possible.

Cela dit, la pression exercée sur le secteur financier est relativement récente. Si elle continue et s'intensifie – la publicité de BNP est la preuve que ça fonctionne – les établissements bancaires n'auront d'autre choix que de céder et modifier leurs pratiques. D'autant que deux paramètres jouent en faveur du climat.

Les bonnes décisions d'un point de vue écologique font tache d'huile, c'est ce que l'on appelle « l'effet signal ».

« Lorsqu'une entreprise s'engage, un signal est envoyé au marché indiquant que ces activités ne

88. Source : Banque de France.

sont plus tolérées ni tolérables, et cela incite d'autres acteurs financiers à adopter la même posture. Cela encourage également le politique à légiférer et les entreprises du secteur à transformer leur business model pour demeurer dans les bonnes faveurs de l'acteur financier. »

C'est ce qui s'est passé pour le charbon. Seize banques et assurances françaises ont adopté – sous la pression de Lucie Pinson, notamment – des politiques fortes de sortie de cette énergie polluante et ces engagements se sont ensuite propagés au-delà de nos frontières. Le combat est encore loin d'être gagné, mais ce précédent trace une voie d'espoir.

L'exemple du charbon met également en évidence que les banques ne sont pas les seules à jouer un rôle prépondérant, il y a aussi les assureurs (et les réassureurs, ceux qui assurent les assurances). À l'instar d'un crédit immobilier classique pour un particulier, il faut une assurance pour un prêt lorsqu'on souhaite construire une mine de charbon, par exemple. Si votre banque ne souhaite plus financer les énergies fossiles, que votre assureur non plus, le projet tombe à l'eau. Et, grâce à l'effet signal, si des acteurs importants du secteur ont pris cette décision, tous leurs concurrents leur emboîteront le pas. Nous touchons ici au deuxième paramètre qui peut jouer en faveur du climat.

« Les clés sont entre les mains d'une trentaine de grandes banques au niveau international et d'une quinzaine de grands assureurs. Si l'on prend l'exemple de TotalEnergies, 97 % de ses financements proviennent de vingt banques. »

En mettant la pression sur un nombre finalement limité d'acteurs financiers, l'une des plus grosses entreprises pétro-gazière au monde peut être heurtée au portefeuille. Sachant que les banques derrière Total financent également les BP, Shell, Saudi Aramco et autres, c'est faire d'une pierre une multitude de coups.

Sur le papier, la solution à la crise écologique paraît presque simple.

Mark van Baal mène, lui, un combat différent mais complémentaire. Le militant hollandais a fondé Follow This, qui pratique un activisme nouveau, de l'intérieur, pour pousser les majors pétrolières à changer d'elles-mêmes. « Shell n'écoute ni les journalistes, ni les groupes militants, ni les gouvernements. Les seuls qui peuvent convaincre Shell de choisir une autre voie sont ses actionnaires », estime-t-il sur le site Internet de son collectif. Alors, Follow This propose à chacun et chacune d'acheter une action Shell, BP, TotalEnergies, ExxonMobil ou Chevron et de la lui confier, afin qu'il présente des résolutions climatiques ambitieuses en assemblée générale. L'objectif de ce regroupement d'« actionnaires verts » est d'aligner les activités des entreprises pétro-gazières sur l'Accord de Paris.

La démarche peut sembler folle et sans espoir, mais si la première résolution, présentée face à Shell en 2016, avait recueilli 3 % des suffrages seulement, en 2021, elle en récoltait 30 % !

Tous ces modes d'action convergent vers un seul et même objectif : flécher tout l'argent qui ne finance plus les énergies fossiles vers les renouvelables. Car les sous ne manquent pas, ils sont simplement mal répartis. Les investissements dans les énergies bas carbone doivent augmenter de 30 % d'ici à 2030 pour être en phase avec un scénario de réchauffement de 1,5 °C[89].

Et Lucie Pinson insiste bien : « Il y a un double challenge, qu'il y ait plus d'argent pour les solutions et que celles-ci viennent suppléer et non s'additionner aux énergies fossiles. »

Si une entreprise investit dans l'éolien et le solaire, mais qu'en parallèle elle continue l'exploration et le développement de nouveaux projets de gaz et de pétrole, la transition ne pourra s'opérer. Shell en 2023 aura investi entre 2 et 4 milliards de dollars dans les énergies renouvelables, 6 milliards dans le marketing et 8 milliards dans la production et l'exploration pétrolière et gazière[90]. CQFD.

89. IEA, « World Energy Investment 2023 », mai 2023. https://iea.blob.core.windows.net/assets/8834d3af-af60-4df0-9643-72e2684f7221/WorldEnergyInvestment2023.pdf
90. Shell Annual Report and Accounts 2022.

Avant de clôturer notre entretien, la fondatrice de Reclaim Finance ajoute une précision déroutante : « Qu'une entreprise aujourd'hui exploite des énergies fossiles n'est en soi pas problématique. » Ah mais je pensais que… « Tant qu'elle a un plan de fermeture progressive d'ici à 2050. Le souci, c'est que la majorité n'en a pas aujourd'hui. »

Bienvenue en 2050 : à quoi ressemble un monde neutre en carbone ?

J'ai esquissé dans ce livre un monde où le réchauffement climatique s'emballe, où les conséquences sont lourdes et dramatiques. Un monde dans lequel je ne souhaite pas vivre, auquel j'espère échapper. Mais rêvons, imaginons un instant que nous réussissions à atteindre la neutralité carbone. Si ce futur hypothétique n'est pas ultratechnologique, à quoi ressemble-t-il ? Il est assez clair que notre alimentation sera moins carnée, la façon dont nous nous déplacerons aura évolué également, mais cela demeure encore assez flou. Des repas végétariens et des trajets à vélo ou en voiture électrique, ce n'est pas un projet de société. Cet avenir sera-t-il dénué de bonheur, de plaisir, de jouissance, sous le poids des contraintes ?

« L'incontournable, c'est la diminution, très forte, de la consommation des énergies fossiles. »

Jean-Louis Bergey, coordinateur prospective à l'Ademe, a piloté pendant plus de deux ans un projet pour imaginer le monde de demain : « Transition(s) 2050, choisir maintenant, agir pour le climat[91] ». Dans ce rapport de près de 700 pages, élaboré par plusieurs dizaines de personnes, quatre scénarios différents – sur les plans économiques, techniques et sociétaux – sont imaginés pour nous conduire à la neutralité carbone. Bien qu'il n'y ait pas qu'un unique chemin jusqu'à ce Graal, une chose est sûre, sans passer par une diminution drastique de notre consommation d'énergies fossiles, il sera impossible d'y parvenir. Le miracle n'aura pas lieu si nous continuons à brûler massivement du pétrole, du gaz et du charbon, nos émissions de gaz à effet de serre demeureront trop importantes.

« Dans trois scénarios sur les quatre que nous avons réalisés, on ne consommerait qu'environ 15 % d'énergies fossiles par rapport à aujourd'hui », explique Jean-Louis Bergey.

En 2050, les pompes à essence et les chaudières au fioul seront reléguées au rang d'antiquités ou de curiosités. Seuls l'industrie et les transports – ainsi peut-être que quelques irréductibles Gaulois – utiliseraient encore, bien qu'en faible quantité, du gaz et du pétrole.

---

91. https://librairie.ademe.fr/cadic/6531/transitions2050-rapport-compresse2.pdf

L'électricité prendra majoritairement la place de ces énergies polluantes. Ce récit est corroboré par le bilan prévisionnel 2023 de RTE, un rapport qui brosse les différents futurs énergétiques possibles, dont un chemin souhaitable qui permettrait à la France d'atteindre ses objectifs de neutralité carbone. Pour le gestionnaire du réseau électrique, le futur doit être pavé de panneaux photovoltaïques, d'éoliennes sur terre et en mer, ainsi que de centrales nucléaires. Mais ça, vous le saviez déjà…

L'objectif de neutralité carbone est ambitieux, il induit ainsi des changements et des efforts pour absolument tout le monde – citoyens, entreprises, services publics –, dans tous les secteurs, partout en France. L'implication la plus flagrante concernant la quasi-disparition des énergies fossiles affecte la façon dont nous nous déplacerons.

« Même en zone rurale, lorsqu'on travaille à 40 kilomètres de son domicile et que l'on n'a pas d'autre choix que de prendre sa voiture (parce qu'il n'y a qu'un car le matin à 6 h 45, pour amener les enfants au collège ou au lycée du chef-lieu de canton, et un à 16 h 30 pour les ramener, et que ça ne correspond pas forcément aux horaires de travail), on peut faire du covoiturage. On n'est pas obligé de prendre quelqu'un en plus dans sa voiture tous les jours, seulement une ou deux fois par semaine, c'est toujours ça de gagné. »

Pour des trajets plus courts, pour aller chercher son pain ou faire quelques courses, c'est de plus en plus à pied ou à vélo que ça se fait. En ville, les citadins ne possèdent pas – ou beaucoup moins – de voiture, et quand le besoin se fait sentir il suffit d'aller sur un site ou une application de véhicules partagés pour en louer un.

Qu'importe le chemin sociétal que nous emprunterons, nous n'échapperons pas à la sobriété, même dans des usages qui peuvent sembler vertueux. « Aujourd'hui, avec un moteur de Tesla, on peut faire deux moteurs de Zoé et à peu près 250 batteries de vélos à assistance électrique », poursuit Jean-Louis Bergey.

La décision nous appartient donc d'opter pour plus ou moins de frugalité.

Un futur viable et crédible prend nécessairement en compte les imperfections humaines, les réticences, le poids de la culture et des traditions. C'est pourquoi si, en théorie, évincer la viande et les produits d'origine animale de notre alimentation est une décision pertinente – d'un point de vue écologique et de santé publique –, ce n'est qu'une utopie. Il est absolument impensable d'imaginer que dans moins de trente ans tous les Français et les Françaises seront devenus végétaliens ou, au pire – façon de parler –, végétariens.

Même si dans certains médias le débat entretenu sur ces questions est volontairement outrancier, il reste caractéristique de l'état d'esprit d'une frange de la population. En mai 2022, l'avocate et chroniqueuse Sarah Saldmann sortait sur le plateau des *Grandes Gueules* de RMC, devant un public hilare : « Les végans et les végétariens sont excessivement chiants [...], ils broutent de l'herbe et ils bouffent des graines. » Je me trompe peut-être, mais je ne la vois pas manger du tofu et du quinoa en 2050.

La bonne nouvelle, c'est que nous n'avons pas besoin d'aller aussi loin pour atteindre la neutralité carbone. Y compris dans le scénario le plus restrictif pensé par l'Ademe – qui, soyons honnête, a très peu de chances de se réaliser –, la consommation de viande sera seulement divisée, en moyenne, par trois. « Notre alimentation aura évolué, mais pas fondamentalement. La viande ne disparaîtra pas, elle sera toujours là, en particulier dans les moments festifs, c'est notre culture. »

Dans le meilleur des cas pour les adorateurs de bidoche, il faudra tout de même réduire de 30 % sa consommation de protéines animales comparé à aujourd'hui. C'est indéniable, actuellement une partie de la population mange trop de viande, comme certains mangent trop salé, trop gras ou trop sucré. La neutralité carbone impose une société où il faut faire plus attention à son régime alimentaire, non pas pour devenir anorexique et obtenir des *likes* sur Instagram, mais simplement pour être en bonne santé.

Pour tous les addicts en manque de leur dose de protéine animale, il y a aurait une denrée miracle, selon certains confrères journalistes : « Pourquoi nous mangerons tous des insectes en 2050 », Slate.fr, 18 mai 2013 ; « Bientôt des insectes dans nos assiettes », *La Croix*, 14 août 2019 ; « L'insecte, l'aliment du futur ? », *Ouest-France*, 20 septembre 2023.

Je suis sceptique, Jean-Louis Bergey également. « Je fais partie des gens qui pensent que les nourritures à base d'insectes ou d'algues ne prendront pas énormément en France, sauf peut-être dans des aliments transformés, avec des farines, par exemple. »

En 2020, je m'entretenais avec Claude Fischler, sociologue au CNRS et spécialiste des questions d'alimentation, qui m'expliquait pourquoi les grillons, les larves et les criquets n'avaient que très peu de chances de terminer dans nos assiettes. « Tout ce qui est comestible biologiquement n'est pas mangeable culturellement. Dans notre classification des choses qui nous entourent, en Europe, l'insecte n'est pas une nourriture et certains sont superlativement répugnants, c'est le cas des cafards, par exemple. Les insectes sont l'objet de répulsion et de dégoût. »

Cet écœurement est surmontable, mais uniquement lors de situations de crises extrêmes. Claude Fischler me rappelait le siège de la Commune de Paris, en 1870, quand des Parisiens ont mangé des animaux du Jardin des Plantes (des éléphants, des ours, des gazelles…). Espérons qu'il ne faille pas en arriver là dans notre quête de la neutralité carbone, cependant il me semble que des pizzas margherita, des dahls de lentilles, des pâtes au pesto et des quiches aux légumes devraient largement suffire.

Les passages sur l'habitat sont ceux qui m'ont le plus interloqué à la lecture du rapport de l'Ademe. Dans les scénarios « intermédiaires », ceux vers lesquels nous pourrions réalistement nous diriger – et qui sont donc les moins drastiques, il est important de le préciser –, les implications sur les logements sont considérables : nos habitations d'aujourd'hui auront été rénovées massivement ou alors elles auront été détruites puis reconstruites, et cela à grande échelle, afin de garantir une baisse substantielle des émissions du secteur.

« En 2050, 75 % des bâtiments existants sont déjà présents aujourd'hui », m'indique Jean-Louis Bergey.

Ce qui signifie surtout qu'il n'y aura presque plus de construction de logements neufs. Un monde neutre en carbone fait du nouveau avec de l'ancien. Le secteur du bâtiment est en effet fortement émetteur de gaz à effet de serre – pour obtenir du ciment, par exemple, il faut chauffer du calcaire, ce qui va rejeter d'importantes quantités de CO_2. Il faut logiquement réduire les nouvelles constructions, d'autant que cela permet, dans le même temps, de limiter l'artificialisation des sols.

« On imagine également, dans les habitats collectifs, des chambres ou des studios qui sont à la disposition des uns et des autres, qu'il faudrait réserver pour la famille ou les amis de passage. » L'idée est de libérer de la place et de n'occuper que des appartements à taille « raisonnable » (« Rien de trop » disait déjà la maxime gravée sur le fronton du temple d'Apollon à Delphes, reprise par Socrate notamment – une réminiscence d'un cours de grec ancien au collège). Il n'y a effectivement pas besoin pour une personne seule ou un couple d'avoir une ou deux chambres d'amis, qui ne seront utilisées que quelques fois dans l'année tout au plus.

D'ici une trentaine d'années, en complément de cela, peut-être aussi que nos immeubles auront adopté un fonctionnement anglo-saxon ou suisse, avec une buanderie collective au sous-sol. Au lieu d'avoir un lave-linge par appartement, il n'y en aurait qu'une dizaine pour l'immeuble. Néanmoins, pour le monsieur prospective de l'Ademe, cela ne relève que d'un doux espoir écolo. « Je pense qu'il y aura encore beaucoup de possession individuelle en 2050, parce que c'est un imaginaire tenace. Pour de nombreux immeubles, dans les 50 appartements il y aura 50 machines à laver et 45 perceuses. Dans le lotissement à côté de 25 maisons, il y aura 20 tondeuses à gazon. »

Étant pessimiste de nature, je ne peux pas vraiment le contredire. Mais cette idée de matériels de bricolage à disposition et de buanderie commune ne m'effraie pas, à vrai dire.

L'autre gros sujet est de faire la chasse aux logements vides. En 2022, il y en avait plus de 3 millions d'après l'Insee ; en 2050, si nous désirons atteindre la neutralité carbone, quasiment plus aucun bâtiment n'est vacant. « Certains de nos scénarios impliquent que l'on prenne des mesures fiscales ou réglementaires, peu importe, pour lutter contre cela et ainsi éviter de consommer des sols vivants. »

Dans le scénario le plus drastique – je l'ai déjà dit, que l'on peut aisément juger irréaliste tant les transformations demandées sont fortes mais n'en demeurent pas moins intéressantes – les résidences secondaires sont également visées pour participer au ralentissement de la construction de logements neufs. « 80 % d'entre elles sont devenues des résidences principales. On n'a pas dit de quelle façon, mais on pourrait supposer qu'une taxation a été mise en place : par exemple, si vous vous achetez une résidence secondaire, vous allez multiplier vos frais de notaire par dix ou cinquante. »

Nous n'irons certainement pas aussi loin, je n'arrive pas à concevoir que la société accepte de tels bouleversements sur la propriété. Quoi qu'il en soit, ce bond de trois décennies dans le temps fait tiquer. La transition écologique va s'immiscer jusque chez nous, dans nos foyers. Va-t-il vraiment falloir faire ces concessions ? Mais, sans habitations neuves, ils sont marrants ces écolos, comment loger toute la population ?!

L'Insee prévoit, en 2050, un plateau à environ 70 millions de personnes en France. La démographie va croître, sans pour autant exploser. 2 millions d'habitants de plus en un quart de siècle, et il existe 3 millions de logements vacants aujourd'hui : nous surestimons clairement le besoin de place, de construction. Cette perception biaisée sur l'habitation est assez symbolique d'une pensée globale de ceux qui refusent d'agir. Il faut accepter d'ouvrir les yeux sur la situation et initier un changement de mode de vie, un changement de société.

Conclusion

Pour être honnête, je ne pense pas que l'humanité réussira à limiter le réchauffement climatique à + 1,5 °C, comme l'espérait l'ambitieux Accord de Paris. 425 « bombes carbones », des projets d'extraction de charbon, pétrole et gaz, sont actuellement en fonctionnement ou en projet sur la planète, et chacune pourrait émettre un milliard de tonnes de CO_2 sur sa phase d'exploitation[92]. À elles seules, elles représentent le double du budget carbone restant pour atteindre l'objectif de 1,5 °C. Un dernier « cocorico » pour la route : TotalEnergies est impliquée dans 17 de ces bombes carbones[93].

92. Kjell Kühne, Nils Bartsch, Ryan Driskell Tate, Julia Higson et André Habet, « "Carbon Bombs". Mapping Key Fossil Fuel Projects », *Energy Policy*, vol. 166, juillet 2022. https://www.sciencedirect.com/science/article/pii/S0301421522001756

93. carbonbombs.org

J'aimerais croire que l'objectif des + 2 °C de réchauffement sera tenu mais, encore une fois, je suis persuadé que nous échouerons. Cela demanderait une action coordonnée de l'ensemble des pays, et surtout des États-Unis, de l'Union européenne et de la Chine, tout en incluant les pays en voie de développement, ce qui me paraît inconcevable en si peu de temps au moment où j'écris ces mots. Alors, oui, je suis pessimiste mais je ne réalise pour autant pas cette funeste prédiction au doigt mouillé : les estimations de l'ONU tablent sur un réchauffement de l'ordre de 2,5 à 2,9 °C à la fin du siècle. Et pour cause, les pays signataires de l'Accord de Paris ne vont baisser leurs émissions que de 2 % d'ici 2030, alors qu'elles devraient être réduites de 43 %, d'après un rapport des Nations unies publié en novembre 2023. « Les gouvernements agissent à petits pas pour éviter la crise climatique [...] Ils devraient faire des pas de géants », estime le patron de l'ONU Climat, Simon Stiell. Nous ne pourrons pas dire que nous ne savions pas.

Le combat ne doit pas cesser pour autant. Tout cela doit nous révolter. Je vais continuer à me battre pour éveiller les consciences sur la question écologique. Pourquoi ? Car, je l'ai déjà écrit mais c'est peut-être l'essentiel à retenir de cet ouvrage, chaque dixième de degré de réchauffement évité compte. Nous nous rendons bien compte que dans un monde à + 1,1 °C, les conséquences sont déjà très lourdes, et elles vont s'intensifier de façon exponentielle. Il faut donc œuvrer à chaque instant, à l'échelle individuelle mais aussi et surtout à l'échelle collective, faire en sorte que nos gouvernements et toutes les personnes qui ont du pouvoir – oui, je m'adresse à vous, cher Patrick, P-DG d'une compagnie pétro-gazière française – prennent la mesure de l'urgence dans leurs décisions.

Il faut aussi contribuer à ce que la question écologique ne reste pas cantonnée au climat. Les gaz à effet de serre ne doivent pas nous faire occulter la sixième extinction de masse que nous sommes en train de vivre.

J'espère que ce livre aura permis à certaines et certains de découvrir et comprendre les ordres de grandeur, de ne plus regarder l'écologie comme une course à la perfection absolue. Fini les : « T'es écolo mais t'as un iPhone / t'as acheté des vêtements neufs ! » J'aspire à véhiculer un nouveau regard sur la question environnementale, une vision un peu plus réfléchie, moins enflammée, moins sentimentale – à adopter d'urgence.

L'objectif de cet ouvrage est d'apporter sa modeste contribution dans l'enclenchement d'une transition écologique de la société, et non – et il ne faut pas se tromper – de faire de toutes les lectrices et de tous les lecteurs d'irréprochables écolos, adoptant tous les écogestes et se lançant corps et âme dans des actions individuelles d'ampleur. Tout le monde n'arrêtera pas la viande ni l'avion après avoir lu ces quelques pages et je m'en fous ! Évidemment, si je peux permettre d'éviter quelques dizaines de tonnes de CO_2 c'est magnifique, mais mon ambition est ailleurs : éveiller les consciences, faire réaliser quels sont les grands, les vrais enjeux sur l'écologie. Ce n'est qu'en mettant une pression suffisante sur nos décideurs que nous pourrons y arriver. Battons-nous, indignons-nous et gardons à l'esprit que le pire peut toujours être évité.

Pour le plaisir

Pour finir, je vous ai concocté un petit florilège – non exhaustif – d'actions, de déclarations et d'inepties qui mettent en lumière les contradictions, les incohérences et le retard de notre société sur la question écologique. Mieux vaut en rire qu'en pleurer… Régalez-vous !

• « J'ai demandé au gouvernement de prendre les dispositions nécessaires pour que l'utilisation du glyphosate soit interdite en France dès que des alternatives auront été trouvées, et au plus tard dans trois ans. #MakeOurPlanetGreatAgain »

Tweet d'Emmanuel Macron, le 27 novembre 2017.

• « Peut-on dire qu'il n'y aura plus de glyphosate dans cinq ans ? C'est impossible. »

En avril 2019, lors du Grand Débat national, Emmanuel Macron retourne sa veste concernant le pesticide. D'ailleurs, grâce à l'abstention de la France, l'Europe a renouvelé l'autorisation du glyphosate pour dix ans, en novembre 2023.

• « T'as vu, j'ai dit du bien des pesticides ! »

Cette phrase prononcée par le ministre de l'Agriculture le 23 mai 2023 dans la salle des Conférences du Sénat a été captée par les équipes du média Vakita, fondé par Hugo Clément, et a suscité une certaine polémique. Marc Fesneau s'est justifié, assurant qu'il ne s'agissait que d'une formule ironique. Possible. Cependant, quelques semaines auparavant, le ministre défendait l'un des herbicides les plus utilisés en France, le S-métolachlore, contre l'avis de l'Agence de sécurité sanitaire, au nom de la « souveraineté alimentaire ».

• « La politique que je mènerai dans les cinq ans à venir sera donc écologique ou ne sera pas. »

Emmanuel Macron, président de la République française, le 16 avril 2022, lors de son grand meeting de l'entre-deux-tours à Marseille.

• *Le Monde*, 12 mai 2023 : « Industrie : Macron appelle à une "pause" dans la réglementation environnementale européenne ».

Allez, j'arrête avec le Président, on a compris.

• « Cette transition, je suis désolé, Jean, elle prendra du temps. Je respecte l'avis des scientifiques mais il y a la vie réelle. »

Patrick Pouyanné, patron de TotalEnergies, a répondu à Jean Jouzel, paléoclimatologue et ancien membre du GIEC, lors des universités d'été du Medef, en août 2023, qui a eu le malheur d'asséner une vérité sur scène : « C'est maintenant qu'il faut agir, c'est très clair, et malheureusement ce n'est pas ce que nous faisons puisque les émissions liées aux combustibles fossiles continuent à augmenter. »

• *La Topette* (magazine local angevin), édition de décembre 2023 : « Révélations. Vols en avion privé : ça plane pour Béchu ! »

L'enquête de ce magazine local angevin montre que le ministre de la Transition écologique a multiplié des vols intérieurs pour ses déplacements officiels via des avions d'affaires.

• « Je confirme et j'assume ces vols. »

Christophe Béchu, le 6 décembre dans l'émission *Planète info* sur Franceinfo.

Circulez, y'a rien à voir !

• « On est en train de voir si on peut pas se déplacer en char à voile. »

En conférence de presse, en septembre 2022, Christophe Galtier, alors entraîneur du PSG, répond à une question d'une journaliste au sujet des déplacements en jet et s'il considère de prendre le TGV à l'avenir, devant un Kylian Mbappé hilare.

Un an plus tard, la Fédération française de football a annoncé que l'équipe de France prendrait désormais le train pour ses trajets de moins de trois heures.

• « C'est par le progrès technologique qu'on enrayera l'élévation des températures, pas en stoppant le développement économique. »

Bernard Arnault, P-DG du groupe LVMH et personne la plus riche au monde lorsque j'écris ce livre, dans une interview au *Figaro Magazine*, en juin 2023. Ou comment prêcher pour sa paroisse (alors que, vous le savez désormais, la technologie ne nous sauvera pas)…

• « Les combats environnementaux sont essentiels, mais derrière ça il ne faut pas qu'on nous resserve la vieille soupe d'extrême gauche contre l'économie de marché ! La première source de pollution mondiale c'est la surpopulation. »

Nicolas Sarkozy, ancien président de la République française, le 6 septembre 2023, dans l'émission *C à vous*.

C'est un argument qu'il développe dans l'ouvrage dont il est venu faire la promotion sur le plateau de France 5… mais qui est complètement faux. François Gemenne, spécialiste des migrations et auteur du GIEC, l'a aussitôt contredit : « C'est avant tout la manière dont nous avons organisé notre économie dans les pays industrialisés qui est en cause. » L'empreinte carbone d'un Français est de 10 tonnes de CO_2, celle d'un Américain, d'un Canadien ou d'un Australien est d'environ 15 tonnes de CO_2 (chiffre en dessous de la réalité car il ne comprend pas les importations), alors que celle d'un Nigérian – dont le pays compte plus de 200 millions d'habitants – est de 0,6 tonne de CO_2.

• « Hâtez-vous de creuser vos piscines et d'acheter vos 4 × 4 parce que, dans pas très longtemps, ça va être interdit. »

Charles Consigny lors de la soirée « Le grand débat des valeurs », organisée par *Valeurs actuelles*, le 13 avril 2023.

• Geo.fr, 15 septembre 2023 : « BNP Paribas veut raser une forêt... pour construire un écoquartier. »

• « C'est un projet qui est à la pointe de l'écologie. »

Cette cascade a été réalisée par un professionnel, surtout ne tentez pas de la reproduire chez vous ! Le maire de Mandelieu-la-Napoule, dans les Alpes-Maritimes, défend un projet de plage flottante prévu sur le littoral de sa commune et en pleine polémique.

Canua Island, cette plate-forme de 1 750 m^2 posée sur un trimaran à moteur, dotée notamment d'une piscine d'eau douce chauffée, n'obtiendra finalement pas les autorisations nécessaires. Pauvres vacanciers qui vont devoir se contenter des plages déjà existantes et de la mer Méditerranée pour se baigner.

• Mediapart, 5 octobre 2023 : « Europe : feu vert pour le commissaire climat, malgré son passé chez Shell ».

À quand un ministre de la Santé ancien P-DG d'une entreprise qui vend des cigarettes ?

• « Je dis : le nucléaire est dangereux. C'est un fait : le nucléaire est dangereux. »

Marine Le Pen, le 9 février 2017 dans *L'Émission politique* sur France 2.

• « Le nucléaire est une énergie sûre, abondante, propre, que nous maîtrisons. »

Marine Le Pen, le 15 novembre 2021 sur France Info. Il s'agirait de choisir son camp…

• Le HuffPost, 30 septembre 2023 : « Zéro artificialisation nette : Wauquiez ne veut plus entendre parler de ce dispositif écolo pour sa région. »

Le président Les Républicains de la région Auvergne-Rhône-Alpes dénonce une loi

« ruralicide » et annonce s'affranchir du texte qui vise à réduire la bétonisation des terres. Problème : il lui est impossible de contourner la loi.

• « C'est un fait et je le regrette : les entreprises pétrolières et gazières veulent poursuivre leurs activités d'exploration et de production. »

Interview d'Agnès Pannier-Runacher, ministre de la Transition énergétique, au journal *Le Monde*, 21 novembre 2023, alors que TotalEnergies a annoncé augmenter sa production d'hydrocarbures de 2 à 3 % par an sur les cinq prochaines années.

Mais les regrets sont, semble-t-il, tout récents : Patrick Pouyanné, P-DG de la compagnie pétro-gazière, a été décoré de la Légion d'honneur quatre mois auparavant. Et il faut aussi rappeler que Mme Pannier-Runacher n'est pas étrangère au milieu des énergies fossiles. Une enquête du média d'investigation Disclose avait mis en lumière des liens familiaux entre la ministre et Perenco, numéro 2 du pétrole en France. À la suite de ces révélations, un décret est paru au *Journal officiel*, interdisant à Agnès Pannier-Runacher de s'occuper des dossiers liés à cette entreprise afin d'éviter tout conflit d'intérêt.

• *Vanity Fair*, 17 août 2023 : « L'été 100 % yacht de Leonardo DiCaprio ».

L'acteur américain, désigné par l'ONU comme ambassadeur pour le climat, a été aperçu à Saint-Tropez, en Sardaigne, sur la côte amalfitaine ainsi qu'au large d'Ibiza sur un bateau extrêmement polluant.

L'année précédente, Leo se faisait déjà traiter « d'éco-hypocrite » par la presse britannique, alors qu'il avait été photographié par des paparazzis sur un yacht de 96 mètres de long, l'un des plus grands de la planète selon le *Daily Mail*, au large de l'île de Saint-Barthélemy.

Table des matières

Composition
PRESS·PROD

Dépôt légal : février 2024
N° d'impression : 01
ISBN : 978-2-7499-5561-2
LAF : 3426